ABRIENDO PASO TEACHER'S RESOURCE GUIDE

||||||||||||||||||||||||||||||||||||||||||||||

José M. Díaz

ISBN 0-8384-4946-8

10 9 8 7 6 5 4 3

Table of Contents

The Answer Key for The Test Masters
||||||||||||||||||||||||||||

The Scoring Guide for The Test Masters
||||||||||||||||||||||||||||||

The Answer Key for Selected Activities in Etapas and Pasos in ABRIENDO PASO: GRAMÁTICA
|||||||||||||||||||||||||||||||

The Tapescript for Comprensión auditiva Activities in ABRIENDO PASO: LECTURA

IIIIIIIIIIIIIIIIIIIIIIIIIIIIIIII

The Tapescript for Sin rodeos... Activities in ABRIENDO PASO: GRAMÁTICA

||||||||||||||||||||||||||||||

The Answer Key for Comprensión auditiva Tapescript Exercises and Other Selected Activities in ABRIENDO PASO: LECTURA

|||||||||||||||||||||||||||||||

The Test Masters for
ABRIENDO PASO: GRAMÁTICA

Unidad 1
La narración y la descripción en el pasado

EXAMEN
|||||||||

I. Completa las siguientes situaciones con la forma correcta del verbo entre paréntesis en el tiempo pasado apropiado. Ten presente la sucesión de tiempos. En algunas situaciones vas a tener que usar las formas del presente prefecto o del pluscuamperfecto.

A. Ayer yo _____ (salir) de mi casa a las siete. _____ (Escuchar-yo) las noticias y _____ (saber) que probablemente llovería. _____ (Bajar-yo) por el acensor y cuando _____ (abrir) la puerta del edificio _____ (estar) lloviendo a cántaros. _____ (Ser) una tontería de mi parte que una vez que _____ (estar) en la calle no _____ (querer) regresar a buscar un paraguas. _____ (Salir) corriendo y cuando _____ (llegar) al metro ya _____ (estar) empapado. En la escuela _____ (empezar) a estornudar y ahora creo que tengo gripe.

B. Hace dos meses nosotros _____ (conocer) a Sasha en una reunión de estudiantes internacionales. Él nos _____ (decir) que _____ (nacer) en Rusia y que _____ (venir) a los Estados Unidos en 1992. Verdaderamente _____ (lograr) mucho en muy poco tiempo. Cuando él _____ (llegar) a este país no _____ (saber) inglés. Ahora ya está en una escuela muy buena y está sacando unas de las mejores notas de la clase.

C. _____ (Ser) las diez de la noche y no _____ (haber) muchas personas en la calle. Carlos y Celeste _____ (regresar) a su casa después de una fabulosa noche de teatro. Ellos _____ (ir) a ver la nueva producción de *La casa de Bernarda Alba*. Aunque a ellos no les _____ (gustar) mucho el teatro, su interés en la obra de Federico García Lorca los _____ (animar) a ir. Según ellos, los actores _____ (ser) fenomenales. El escenario _____ (ser) una serie de paredes blancas con decoraciones negras que _____ (crear) un ambiente sofocante y sombrío. Cuando ellos _____ (llegar) a la esquina de su casa, _____ (encontrarse) con una señora vestida de negro que _____ (cruzar) la calle. Al verla, los dos _____ (mirarse) con un poco de sorpresa. _____ (Saber-ellos) que _____ (ver) a esa señora antes, pero... ¿dónde? De repente, _____ (darse) cuenta que ésa _____ (ser) la actriz que _____ (hacer) el papel de Bernarda Alba.

D.

—¿Por qué no _____ (venir-tú) con nosotros al partido ayer?

—_____ (Tener-yo) que ayudar a mi primo Ricardo. Su coche _____ (romperse) y yo _____ (conducir) el coche de su madre para recogerlo en el hospital. Sabes que vive en el campo.

—Claudia te _____ (buscar) por todas partes. Nosotros le _____ (decir) que no se preocupara, que no te _____ (pasar) nada y que llegarías pronto. Juan le _____ (mentir) y le _____ (decir) que tú _____ (tener) que hacer un mandado para tu madre. Así ella _____ (tranquilizarse) un poco.

—Cuando nosotros _____ (ir) a casa, _____ (quedarse) sin gasolina y _____ (andar) por tres kilómetros buscando una gasolinera hasta que _____ (pasar) un camión que nos _____ (llevar) hasta la gasolinera que _____ (quedar) más cerca. Hasta ahora _____ (tener) suerte.

—Oye Alberto, eso _____ (ser) una saga.

—Bueno, eso no _____ (ser) todo. Como no _____ (caber-nosotros) en el asiento delantero, _____ (subirse) atrás. Allí _____ (encontrar-nosotros) un venado (*deer*) muerto. Como sabes, eso es ilegal. De momento, el señor _____ (parar) el camión y nos _____ (pedir) que bajáramos. _____ (Darse-nosotros) cuenta de que _____ (venir) la policía. El señor _____ (huir) y nosotros _____ (tener) que caminar un poco más, aunque no mucho. Luego _____ (saber-nosotros) que hacía días que la policía lo _____ (buscar) pues este señor _____ (dedicarse) a matar venados para un restaurante muy famoso conocido por sus platos... Ricardo _____ (sentirse) muy mal porque los dos _____ (pasar) un rato bastante desagradable.

—Eso es de película. Creo que de ahora en adelante voy a tratar de andar más contigo y vivir esa vida aventurera que pareces llevar.

IIIIIIIIIIIIIIII

II. Expresa lo que tú y tus amigos **habían hecho** antes de ir a la última fiesta.

   1. Antes de ir a la última fiesta yo ya...

   _____

   _____

2. Mis amigos ya...

_____

_____

3. Nosotros ya...

_____

_____

IIIIIIIIIIIIIIIII

III. Expresa lo que tú o tus amigos **han hecho** últimamente para tener éxito en la escuela.

1. Nosotros queremos tener éxito en la escuela, por eso nosotros...

_____

_____

2. Mis amigos también quieren salir bien en sus clases, ellos...

_____

_____

3. Yo, por mi parte...

_____

_____

IIIIIIIIIIIIIIIIII

IV. Imagina que quieres contarle a un amigo o una amiga la última película que viste. Sigue la guía para organizar tus ideas.

A. Al principio tienes que dar una idea del ambiente, describir los personajes, el lugar, el tiempo, etc. Escribe **tres** frases en las que describas el ambiente.

_____

_____

_____

_____

B. Ahora di por lo menos **tres** cosas que sucedieron en la película.

_____

_____

_____

_____

C. Usa **dos** frases para expresar cómo terminó la película.

_____

_____

D. En **tres** frases da tu opinión sobre la película.

_____

_____

_____

Unidad 2
La descripción de nuestros alrededores:
diferencias y semejanzas

EXAMEN
|||||||||

I. Lee las siguientes frases. Luego escribe una frase usando la información entre paréntesis para describir lo que leíste. Recuerda que la posición del adjetivo es muy importante.

1. Úbeda es una ciudad pequeña pero en mi opinión es una ciudad espectacular. Allí se puede apreciar la tranquilidad de una típica ciudad española. (ciudad-grande)

_____

2. Susana ha logrado mucho en su vida. Trabaja fuera de su casa y tiene una familia ideal. (mujer-único)

_____

3. Yo conozco a Alberto desde que ambos teníamos tres años. (amigo-viejo)

_____

4. Me encanta el flan. (dulce-rico)

_____

5. Todo los hechos que aparecen en el libro son verídicos. (hechos-cierto)

_____

6. La actriz que hace el papel de Elena se parece a la que hace el papel de Cecilia. Yo no creo que sean dos actrices diferentes. (actriz-mismo)

_____

|||||||||||||||||

II. Escribe **dos** frases **comparando** los temas a continuación. Explica las diferencias y semejanzas.

1. una escuela pública y una escuela privada

_____

_____

_____

2. la televisión y el cine

_____

_____

_____

3. una casa en el campo y un apartamento en la ciudad

_____

_____

_____

4. las ciencias y los deportes

_____

_____

_____

5. la música clásica y la música rock

_____

_____

_____

IIIIIIIIIIIIIIIII

III. Lee la información que aparece en estos anuncios. Luego, **compara** los viajes según las siguientes categorías.

• VALENCIA •

por 2.450 pesetas

Excursión de un día.

Salida: 19 de marzo desde Madrid.

Autocar. Regreso de madrugada.

B E N I D O R M

desde 16.900 pesetas

8 días. Salida: 13 de marzo.
Autocar desde Madrid.
Alojamiento en pensión completa.

BENICARLÓ por 20.000 pesetas

FIN DE SEMANA. 2 NOCHES.
PARADOR COSTA DEL AZAHAR.

VALENCIA y PEÑÍSCOLA
por 7.400 pesetas

2 días.
Salida: 19 de marzo desde Madrid.
Autocar y alojamiento.
Recorrido: Valencia, Peñíscola y Sagunto.

el costo

_____

_____

días que duran *(lasts)*

_____

_____

número de ciudades que se visitan

_____

_____

Ahora, responde a la siguiente pregunta: ¿Qué tiene en común el viaje a Valencia y Peñíscola con el de Benicarló?

_____

_____

|||||||||||||||||

IV. Escoge el lugar ideal para ti, éste puede ser un lugar en tu comunidad, una ciudad donde te gustaría vivir. Compáralo con el lugar donde vives ahora y di por qué te gusta más. En el párrafo incluye una descripción de las personas, el lugar físico, las actividades en que puedes participar, etc.

_____

_____

_____

_____

_____

_____

_____

|||||||||||||||||

V. Imagina que eres el(la) director(a) de una película y que tienes que diseñar el escenario. Escoge el tipo de película que te guste más y describe el escenario que has escogido. Ésta puede ser una película de aventura, romántica, de horror, de ciencia ficción, etc.

_____

_____

_____

_____

_____

_____

_____

||||||||||||||||

VI. Escoge dos de tus pertenencias *(belongings)* y explica por qué son importantes para ti. Por ejemplo; una muñeca, un álbum de fotos, una pelota firmada por un jugador famoso, una gorra, etc. Luego habla de alguna pertenencia que es importante para dos de tus compañeros de clase.

_____

_____

_____

_____

_____

_____

_____

_____

||||||||||||||||||

VII. Seguramente durante el verano o durante el año escolar lees muchos libros. Escoge dos libros que has leído recientemente y escribe **cinco** frases **comparándolos**.

_____

_____

_____

_____

_____

_____

_____

_____

_____

_____

Unidad 3
La narración y la descripción en el presente

EXAMEN
||||||||

I. Imagina que quieres recibir correspondencia de jóvenes de países de habla hispana. Quieres escribir un anuncio que aparezca en una revista para jóvenes. Escribe un párrafo como anuncio incluyendo la siguiente información sobre ti.

a. edad

b. descripción física

c. personalidad

d. gustos, pasatiempos, intereses

e. el tipo de personas con quienes te quieres corresponder

f. otra información pertinente

_____

_____

_____

_____

_____

_____

_____

_____

_____

_____

_____

_____

_____

II. ¿Qué **dos** actividades haces en las siguientes situaciones?

1. Cuando tengo una cita, yo...

_____

_____

2. Cuando estoy triste, mis amigos...

_____

_____

3. Cuando mis amigos están preocupados, yo...

_____

_____

4. Cuando llueve y hace mal tiempo, tú...

_____

_____

5. Cuando tiene tiempo libre, mi madre...

_____

_____

|||||||||||||||||

III. Imagina que estás de vacaciones. Escribe una tarjeta postal a un(a) amigo(a) hablando de las actividades en que participas.

_____

_____

_____

_____

_____

_____

_____

_____

_____

IV. Imagina que últimamente tienes un sueño que se repite constantemente. Cuéntale el sueño a un(a) amigo(a). Para hacerlo más gráfico usa **el tiempo presente** y explica lo que pasa. Incluye también la información a continuación.

a. describe el lugar, el ambiente, los colores, los sonidos, los olores, los ruidos, etc.

b. describe a las personas

c. describe cómo están vestidas las personas

d. describe lo que sucede en el sueño

e. describe cómo te sientes al despertarte

_____

_____

_____

_____

_____

_____

_____

_____

_____

_____

_____

_____

_____

_____

_____

_____

_____

_____

_____

_____

_____

_____

Unidad 4
Cómo expresar deseos y obligaciones

EXAMEN
|||||||||

I. Un amigo viene a encontrarse contigo en la escuela. Como no quieres que se pierda le das instrucciones para que una vez que esté en el edificio, pueda llegar a tu salón de clase sin dificultad. Usando **el mandato**, escribe las instrucciones explicando cómo llegar desde que entra a la escuela hasta tu salón de clase.

_____

_____

_____

_____

_____

_____

_____

_____

_____

_____

_____

|||||||||||||||||

II. Alguien dice las siguientes frases. Léelas y luego da **un mandato** lógico.

1. —Me han robado la cartera.

_____

2. —Se me olvidó el dinero en casa.

_____

3. —Tengo un dolor de muelas horrible.

_____

4. —No sé a qué universidad voy a asistir.

_____

5. —Estoy preocupado porque Elena no me ha escrito.

_____

III. Un amigo de tu padre viene a visitar a tu familia. Dile **cinco** cosas que debe tener en cuenta cuando los visite a Uds. Recuerda que como él es una persona a la cual no conoces muy bien, debes usar **el mandato** formal.

_____

_____

_____

_____

_____

_____

_____

_____

IV. ¿Cuáles son las características de un buen estudiante? Escoge entre las expresiones siguientes para expresar las obligaciones que un estudiante tiene para poder ser un buen estudiante.

tener que/deber/hay que u otras expresiones impersonales

_____

_____

_____

_____

_____

_____

_____

_____

V. Usa los verbos entre paréntesis para expresar deseos u obligaciones según la información que aparece en las frases.

1. Nunca puedo terminar las tareas a tiempo. (aconsejar)

_____

_____

2. Les voy a decir a tus padres que andas fumando con tus amigos. (rogar)

_____

_____

3. No me llevo bien con esos chicos. (recomendar)

_____

_____

4. Este perro no dejar de ladrar. (dejar)

_____

_____

5. Jacinta quiere que la visite, pero tengo que quedarme en casa hoy. (pedir)

_____

_____

6. Samuel y Abelardo hablan por teléfono por horas. (insistir en)

_____

_____

7. No hemos podido terminar los experimentos de química. (exigir)

_____

_____

8. Cecilia come constantemente. (sugerir)

_____

_____

VI. Completa las siguientes situaciones con los verbos entre paréntesis.

A.

—¿Por qué insistes en que yo _____ (pasar) por tu casa a recogerte? Es mejor que

tú _____ (encontrarse) con nosotros en la entrada del parque.

—Pienso que será más fácil si _____ (encontrarse) en mi casa pues dicen que

_____ (ir) a haber mucha gente.

—Estoy segura que si nos _____ (esperar-tú) en la esquina opuesta a la entrada del

parque no _____ (tener-nosotros) ninguna dificultad. Yo podría buscarte pero es

importante que _____ (llegar-nosotros) temprano para poder sentarnos en un

buen lugar para el concierto.

—Bueno. Basta que me _____ (decir-tú) que estarás allí a las seis en punto. A esa

hora creo que _____ (poder) encontrar un buen sitio.

—De acuerdo. Te suplico que _____ (estar-tú) allí temprano.

—Bueno, ojalá que no _____ (perderse).

B.

—Mira, Santiago. Es preciso que _____ (averiguar) si Tata viene en autobús o en tren. No quiero que _____ (empezar) a preocuparse si no _____ (haber) nadie esperándola.

—No te preocupes. Deja que yo _____ (comunicarse) con Alberto para que él me dé la información.

—Mil gracias. Es verdad que él siempre _____ (ocuparse) de todo. Yo te aconsejo que le _____ (preguntar) también si ella _____ (traer) mucho equipaje. Quiero estar seguro que _____ (haber) suficiente espacio para todos. Si no, no permitiré que Alberto y Sarita _____ (ir). Aunque a ellos les gustaría dar el paseo, pienso que más vale que _____ (quedarse) aquí.

—Es obvio que ellos la quieren mucho y que _____ (disfrutar) el paseo. No los obligues a que _____ (pasarse) toda la mañana solos en casa. Yo puedo traer mi coche y así _____ (poder-nosotros) ir todos.

—Eres un ángel. Yo espero tu llamada antes de _____ (hacer) cualquier plan.

—Bien, hasta luego.

—Hasta más tarde, Santiago.

Unidad 5
La narración y la descripción en el futuro
Cómo expresar emociones, dudas y negación

EXAMEN
||||||||

I. Lee las siguientes frases; luego usa la información entre paréntesis para expresar probabilidad.

   1. Marianela quiere subir a una montaña en los Andes. (no saber que es peligroso)

   _____

   2. Luisa no se siente bien. Tiene la cara hinchada *(swollen)*. (tener dolor de muelas)

   _____

   3. Su tía acaba de ganar la lotería. (poder pagarnos)

   _____

   4. Eugenio pidió un préstamo para comprar el cuadro. (valer mucho)

   _____

   5. No encuentro a Santiago. (haberse ido)

   _____

||||||||||||||||||

II. Escribe **tres** frases para expresar algunos de los proyectos que tú y tus amigos tienen para el futuro. Usa las siguientes expresiones:

pensar/esperar/tener ganas de/querer

Yo _____

_____

Nosotros _____

_____

Ellos _____

_____

III. Un estudiante de intercambio viene a pasarse unos meses en tu escuela. Usa las expresiones a continuación para expresar **cuatro** consejos que le das.

con tal de que/de modo que/en caso de que
antes de que/luego que

1. _____

2. _____

3. _____

4. _____

IIIIIIIIIIIIIIII

IV. Lee las situaciones a continuación; luego expresa lo que tú u otras personas opinan sobre ellas. Usa los sujetos y las expresiones dadas.

1. Hace una semana que Fernando no viene a la escuela. (yo/sorprender que Fernando...)

_____

_____

2. Eduardo acaba de comprar una computadora formidable. (nosotros/dudar que Eduardo...)

_____

_____

3. Carlota y Julia no van a poder venir este fin de semana. (ser justo que tú...)

_____

_____

4. A fines de este mes los estudiantes de intercambio van a regresar al Perú. (ser indispensable que nosotros...)

_____

_____

5. Han escogido a Sergio para que represente nuestra escuela en la competencia. (yo/estar seguro que el entrenador...)

_____

_____

V. Completa las frases siguientes de una manera original. Usa tu imaginación.

1. La reconocí tan pronto como ella...

_____

2. Me voy a quedar aquí hasta que ellos...

_____

3. ¿Conoces a alguien que nos...

_____

4. Por tonto que sea, él...

_____

VI. Completa las siguientes selecciones con la forma correcta del verbo entre paréntesis.

A. Generalmente cuando salimos le _____ (dejar) una llave a Jacinto debajo de la alfombra que tenemos delante de la puerta a fin de que cuando él _____ (regresar) de la escuela _____ (poder) entrar. Siempre tememos que alguien _____ (enterarse) de que nosotros _____ (dejar) la llave allí y es posible que _____ (entrar) alguien en la casa cuando no _____ (haber) nadie. Aunque él _____ (ser) un chico bastante joven, él se sabe el número de teléfono de nuestro trabajo así que _____ (poder) llamarnos cuando quiera que él nos _____ (necesitar). Nuestra vecina también está al tanto del autobús que lo _____ (traer) de la escuela en caso de que _____ (haber) algún problema. Vale la pena _____ (tener) todas estas precauciones con tal de que nosotros _____ (sentirse) tranquilos.

B. Una vez que tú _____ (limpiar) las ventanas, vas a tener que cerrarlas pues el polvo _____ (ensuciar) todos los muebles. En mi casa siempre que yo las _____ (limpiar), llueve. He decidido no limpiarlas más a no ser que _____ (venir) visita o que _____ (estar) demasiado sucias. Pensándolo bien, la próxima vez que yo _____ (necesitar) lavarlas, voy a llamar uno de esos servicios de limpieza aunque _____ (ser) demasiado caros. Es obvio que yo no _____ (estar) hecho para ese tipo de trabajo.

C. El director de "Corina", la nueva novela, no está seguro de lo que harán con el próximo capítulo. Duda que ellos _____ (poder) mostrar el episodio que _____ (tener) pensado. Teme que el público _____ (protestar) a causa del tema. Muchas compañías han protestado y han dicho que no quieren que sus anuncios _____ (aparecer) durante el programa si el tema _____ (ser) tan controversial como han anunciado. El gerente de la estación sin que nadie se lo _____ (pedir) ha decidido posponer el episodio. Es probable que éste _____ (ser) un tipo de censura. Al mismo tiempo es absurdo que a estas alturas la gente _____ (seguir) protestando después de que ellos han contribuido al éxito de esta escandalosa novela.

D. Tómate estas pastillas a no ser que el médico te _____ (recetar) otras. Quizás te _____ (causar) malestar en el estómago. Cuando _____ (tú-sentirse) mejor, llámame y saldremos a cenar juntos. Para que _____ (tú-disfrutar) de este restaurante quiero que _____ (sentirse) bien. Estoy seguro que _____ (ir) a ser una experiencia inolvidable. Espero que tú no _____ (decidir) ir con otra persona. Deseo ofrecerte esta cena como regalo de cumpleaños. En cuanto _____ (probar) la comida, estarás de acuerdo con que éste es uno de los mejores restaurantes del área. No es muy formal, así que puedes ir como _____ (tú-desear). Tal vez _____ (nosotros-encontrarse) allí con algunos de los artistas famosos que frecuentan el lugar. Sin duda alguna, lo vas a pasar muy bien. Digan lo que _____ (decir) los críticos, yo sé que a mi madre, quien es muy exigente, le encanta, y no conozco a nadie que _____ (quejarse) de la comida.

Unidad 6
La narración y la descripción más detallada en el pasado

EXAMEN
|||||||||

1. Imagina que tú o tus amigos se encuentraran en las siguientes situaciones. ¿Qué harías (harían)?

1. Tenemos que cuidar cinco perros de nuestro vecino.

Si nosotros...

_____

2. Hace un calor insoportable y tu padre te ha pedido que cortes la hierba.

Si yo...

_____

3. Mi mejor amigo, que ronca como un tractor, se va a quedar conmigo durante el fin de semana y va a dormir en mi cuarto.

Si mi mejor amigo...

_____

4. El único coche que puedes alquilar es un modelo antiguo y es de color rosado.

Si tú...

_____

5. A tu profesor(a) se le ha caído un vaso de jugo de tomate en su traje blanco.

Si a mi profesor(a)...

_____

6. El regalo que compraron tus padres para tu mejor amigo se les quedó en el avión.

Si a mis padres...

_____

II. Imagina que vas de vacaciones con tu familia. Completa las frases siguientes de una manera original.

1. Fuimos a recoger las maletas para que...

_____

2. Decidimos ir al hotel en taxi en cuanto...

_____

3. Una vez que estábamos en el cuarto, Jorge decidió dormir una siesta mientras que nosotros...

_____

4. Mis padres y yo salimos a dar un paseo por la playa tan pronto como...

_____

5. Después de unas horas en la isla nos sentíamos como si...

_____

III. Imagina que el año pasado algunos de tus compañeros hicieron una encuesta que te pareció un poco escandalosa. Como estabas a cargo del periódico de tu escuela te reuniste con tus compañeros para expresar tu opinión. Usa la lista de expresiones y verbos a continuación para expresar lo que opinaste en la reunión. No repitas las expresiones.

temer/parecer mentira/estar seguro(a)
ser ridículo/poder ser/no haber duda

1. Los jóvenes no toman en serio los problemas del mundo.

_____

2. La mayoría de los ancianos odian a los jóvenes.

_____

3. Hoy día no hay respeto en la sociedad.

_____

4. La vida de la gente está llena de conflictos.

_____

5. Es muy difícil encontrar personas que sean verdaderamente felices.

_____

IV. Completa las siguientes frases de una manera original.

A. Cuando era más joven...

1. Cuando no hacía buen tiempo mis padres sugerían que yo...

_____

2. Mi mejor amigo y yo veíamos la televisión después de que mis padres...

_____

3. No había nadie que...

_____

4. Por mucho que mis amigos y yo reñíamos *(quarreled)* nosotros siempre...

_____

5. Cuando mis amigos no salían bien en los exámenes era evidente que ellos...

_____

B. Ahora, en nuestra adolescencia...

1. Es sorprendente que más jóvenes no...

_____

2. Muchos profesores piensan que todos los jóvenes actúan como si...

_____

3. Si tú tuvieras más tiempo durante el día tú...

_____

4. Nuestros padres nos dan más libertad a condición de que nosotros...

_____

5. Mis compañeros de clase prometieron leer un libro cada vez que ellos...

_____

V. Completa las situaciones siguientes con la forma correcta del verbo entre paréntesis.

A. El director andaba buscando una persona que _____ (poder) hacer todo el trabajo que se necesitaba hacer en la computadora. Era posible que aquel nuevo programa que habían comprado _____ (traer) nuevos desafíos para la compañía. Muchos de los clientes esperaban que el trabajo _____ (seguir) como antes y por esta razón querían que no _____ (haber) nada que lo _____ (prevenir). Sin que nadie _____ (saber) cómo usar el nuevo programa, el director decidió instalarlo porque estaba seguro que aquel programa, _____ (ser) fantástico. Cuando los empleados _____ (sentirse) cómodos usándolo, se darían cuenta de todo el tiempo que habían estado perdiendo.

B. Aquella tarde ocurrió algo inesperado. Lo interesante era que todo _____ (suceder) sin que nadie _____ (darse) cuenta de lo extraño que eran los acontecimientos. De repente, como si alguien _____ (decidir) cambiar la calma que reinaba en el parque, _____ (comenzar) a llover sin parar, el cielo se nubló y el ruido intenso de los truenos ahuyentaba a los animales que algunos momentos antes _____ (disfrutar) del placentero día de primavera. Arturo, que momentos antes había llegado al parque para que su familia _____ (disfrutar) del buen tiempo, tuvo un mal presentimiento. En todos los años que había vivido en aquel pueblo, nada similar _____ (suceder). Si _____ (tener) una cámara _____ (sacar) fotos de los pájaros que uno por uno _____ (caer) de los árboles como hojas en otoño.

Etapa 1
La narración y la descripción en el pasado

EXAMEN
⎸⎸⎸⎸⎸⎸⎸⎸

I. Completa las siguientes situaciones con la forma correcta del verbo en **el pretérito** o **el pluscuamperfecto**.

A. Ayer cuando yo _____ (llegar) a mi casa _____ (darse) cuenta de que no llevaba mi reloj. Me _____ (poner) un poco triste porque ese reloj me lo _____ (regalar) mi abuela, la cual _____ (morir) el año pasado. Yo _____ (empezar) a pensar dónde lo _____ (dejar) la última vez. Lo _____ (buscar) por todas partes; después de más de una hora _____ (decidir) acostarme. Yo _____ (apagar) las luces y _____ (acostarse). De momento _____ (recordar) que me lo _____ (quitar) cuando _____ (tomar) un baño esa mañana.

B. Durante los años 60 muchos cubanos _____ (huir) de su isla querida a causa de la situación política en su país. Los nuevos inmigrantes _____ (venir) en busca de una nueva vida. Aunque algunos _____ (quedarse) en el área de Miami por mucho tiempo inmediatamente después de su llegada, otros empezaron a buscar esa nueva vida en otros estados y _____ (poder) establecerse en otras áreas, aunque muchas veces con gran dificultad. La mayoría de ellos _____ (permanecer) en la Florida y su presencia _____ (producir) un cambio en la cultura que se ha hecho muy notable al pasar de los años. Sin duda, los cubanos _____ (contribuir) entonces, y todavía siguen contribuyendo al desarrollo del estado de la Florida de una manera inigualable.

C. En la última excursión nosotros _____ (ir) a las montañas de Shenandoah. El primer día _____ (andar) por varias horas disfrutando del aire, los animales y la naturaleza en general. A eso de las tres _____ (empezar) a llover. Inmediatamente _____ (ponerse-nosotros) las capas y _____ (comenzar) a construir un campamento. Esa noche _____ (hacer) mucho frío. No todos _____ (caber) en la tienda de campaña y algunos _____ (tener) que dormir afuera.

D. Eduardo me _____ (mentir). Me _____ (decir) que él no _____ (romper) la portada de mi libro. Después de hablar con varios de los estudiantes, _____ (saber) que él _____ (estar) jugando con él como si fuera una pelota de fútbol. Cuando lo _____ (ver-yo), lo único que _____ (hacer-él) _____ (ser) mirarme. Luego él se _____ (sonreír) y _____ (irse). Yo no _____ (querer) buscar problemas y

_____ (decidir) olvidar el incidente. Ahora no sé qué hacer; la profesora me _____ (pedir) el libro y no se lo puedo dar.

| | | | | | | | | | | | | | | | | | |

II. Escribe frases completas usando palabras de las tres columnas a continuación. Escoge palabras de cada columna. Usa **el tiempo imperfecto** y cualquier expresión que quieras añadir.

ella	perder	a todas las reuniones del club
yo	ir	los mejores jugadores de la ciudad
nosotros	ser	los apuntes a los estudiantes que no venían a clase
usted	asistir	sus cuadernos regularmente
tú	dar	a visitar a mis amigas los domingos

1. _____

2. _____

3. _____

4. _____

5. _____

| | | | | | | | | | | | | | | | | | |

III. En preparación para una fiesta, los estudiantes parecen tener las mismas dificultades que han tenido antes. Completa las frases siguientes con la forma correcta del verbo en **el presente perfecto**.

1. Yo _____ (tener) que limpiar el piso varias veces.

2. Alicia y Tomás _____ (cubrir) algunas partes del piso con alfombras.

3. Nosotros no _____ (ver) al conserje en todo el día.

4. Esta escena _____ (repetirse) demasiadas veces.

5. Cuando llegue el director le vamos a decir que el conserje no _____ (cumplir) con su deber.

| | | | | | | | | | | | | | | | | | |

IV. Juan había planeado una broma para uno de sus amigos. Estas frases explican la reacción de Adela. Completa las frases siguientes con la forma correcta del verbo en **el pluscuamperfecto**.

1. Adela nos contó que Juan les _____ (describir) el plan detalladamente.

2. A Adela le dolía el estómago porque _____ (reírse) demasiado.

3. Sus padres _____ (ser) parte de la broma también.

4. Nosotros también _____ (oír) el mismo cuento antes, pero no contado por Adela.

5. Esta vez yo sí _____ (poder) apreciar su gran sentido de humor.

Etapa 2
La descripción de nuestros alrededores:
diferencias y semejanzas

EXAMEN

I. Usa por lo menos **dos** frases para describir los animales, objetos u ocasiones a continuación. Debes usar la mayor cantidad posible de adjetivos.

un oso

_____

_____

los cuadros de Picasso

_____

_____

las actividades sociales de tu escuela

_____

_____

una bomba atómica

_____

_____

II. Escribe una frase explicando las siguientes declaraciones. Usa **lo + adjetivo** en tus respuestas.

1. La lección fue muy difícil.

_____

2. El tiempo estuvo malo.

_____

3. El incendio fue horrible.

_____

III. Escribe una frase **comparando** los animales, lugares o actividades siguientes.

1. elefantes/monos

_____

_____

2. delfines/ballenas

_____

_____

3. teatro/cine

_____

_____

4. esquiar/jugar baloncesto

_____

_____

5. ir al doctor/ir al dentista

_____

_____

IIIIIIIIIIIIIIIIIII

IV. Unos jóvenes muestran las fotos que han sacado en sus últimas vacaciones. Ellos les describen a sus amigos lo que ven en ellas. Escribe la forma correcta del **adjetivo** o **pronombre demostrativo** según el contexto.

—_____ aquí es mi amigo Jorge. _____ chica allí es su novia. Ellos

usaron _____ bicicletas para viajar por _____ montañas.

—¿Y quién es _____ chico que se ve allá a lo lejos?

—Es Manuel, nuestro guía. ¿Ves _____ árboles allá? Él nos demostró cómo ellos

usan sus hojas para hacer té.

—¿Y_____ allá?

—_____ son plantas medicinales. Las usan para todo tipo de enfermedades.

—¿Es verdad _____, Celeste?

—Sí, claro.

—Sin duda alguna, _____ ha sido una de las mejores experiencias que hemos tenido

en _____ viaje.

|||||||||||||||||

V. A tu amigo(a) le gusta hacer comentarios mientras lee el periódico. ¿Qué piensas tú que diría al leer los siguientes titulares? Aquí tienes una lista de adjetivos que puedes usar en tus respuestas. Usa **el superlativo**.

generoso/inteligente/complicado/caro

Joven de quince años se gradúa de la universidad a los 18 años

Cuadro de Picasso fue vendido por un millón de dólares

Señora millonaria regala tres edificios a las personas que perdieron sus casas durante el huracán

NUEVO JUEGO PARA COMPUTADORAS: CASI IMPOSIBLE DE RESOLVER

1. _____

2. _____

3. _____

4. _____

|||||||||||||||||

VI. Lee las siguientes frases, luego escribe una frase **comparando** la información que se da en ambas. Através del ejercicio usa tantas formas de comparación como puedas.

1. Un cuarto en el Hotel Prado cuesta 2.000 pesetas. Un cuarto en el Hotel Quintero cuesta 2.000 también.

_____

_____

2. Yo miré tres películas este fin de semana. Felicia miró tres también.

_____

_____

3. Fernando estudia tres horas cada noche. Susana sólo estudia una hora y media.

_____

_____

4. Los Sánchez tienen dos coches. Los Torres tienen cuatro.

_____

_____

5. Esos trabajadores tenían que trabajar ocho horas. Ellos sólo trabajaron seis.

_____

_____

VII. Completa las siguientes frases con un **adjetivo** o **pronombre posesivo**.

1. Cuando salimos no encontramos _____ bicicletas, así que tuvimos que regresar con
Juan en _____ coche.

2. Mañana vienen unos amigos _____ a visitarnos. Vamos a llevarlos a todos
_____ lugares favoritos.

3. Un pariente _____ nos dijo que ellos habían regalado la colección de estampillas
que era de _____ abuela.

4. Yo le voy a prestar a Gisela _____ radio porque _____ es mejor que
_____.

5. Celia y Gloria ayudaron a Beatriz a escoger _____ vestido de graduación. Celia y
Gloria no compraron _____ hasta que los pusieron en venta especial.

6. —No tienes que llevar _____ coche; yo llevo _____.
—Y tú Gerardo, ¿por qué no le pides prestado a Gloria _____?

7. —Allí vienen _____ hermanos, ellos han estado estudiando en _____
cuartos todo el día.
—Ya es hora de que salgan. Todos vamos a montar en _____ bicicletas.

Etapa 3
La narración y la descripción en el presente

EXAMEN

I. Completa las siguientes situaciones con la forma correcta de los verbos **ser**, **estar** o **tener** según el contexto.

A.

—Oye, ¡qué contento _____ (estar) Juan! _____ la primera vez que lo veo sonreír en toda la semana.

—Esta tarde él _____ una cita con Alejandra.

—Él _____ muy orgulloso de su conquista. Ella _____ una chica muy lista y además _____ una personalidad fenomenal.

B.

—¿Qué día _____ hoy?

—Jueves. ¿Por qué me lo preguntas?

—¿Hoy no _____ el día que nosotros _____ que entregar el informe de biología?

—Ustedes, los de la clase del primer periodo, sí _____ que entregarlo hoy. La profesora no terminó de explicar todo en nuestra clase, así que nosotros _____ hasta el lunes.

—¿ _____ segura?

—Absolutamente.

C.

—Estas frutas no _____ frescas, y ésas _____ verdes.

—Siempre sucede lo mismo. Julián compra demasiadas frutas y luego se echan a perder.

—Éstas _____ moscas por todas partes.

II. Usando los verbos siguientes, di lo que las personas hacen en estos momentos. Usa **el tiempo progresivo**.

seguir/continuar/estar

1. Hace tres días que buscan al ladrón. (huir) Él...

_____

2. ¡Qué película más cómica! (reírse) Todos...

_____

3. Los chicos están muy cansados. (dormir) Ellos...

_____

4. Ernesto va a salir para la escuela. (peinarse) Él...

_____

5. Quiero salir bien en este examen. (concentrarse) Yo...

_____

||||||||||||||||||||

III. Lee las frases a continuación. Usa las expresiones entre paréntesis para expresar por qué esta persona no puede hacer lo que dicen las frases. Usa **el tiempo pretérito** en tus respuestas.

1. No puede escribir. (caerse el lápiz)

_____

2. No puede hacer el ejercicio. (perderse el libro)

_____

3. No tiene dinero para comprar el almuerzo. (olvidarse la cartera)

_____

||||||||||||||||||||

IV. Completa las siguientes situaciones con la forma correcta del verbo entre paréntesis en **el tiempo presente**.

A.

—Oye, Federico, yo no _____ (caber) en este coche.

—¿Por qué no _____ (poner) la maleta en el maletero, así _____ (ir) a haber más espacio.

—Buena idea. _____ (Ser) que siempre _____ (traer) más ropa de la que

yo _____ (necesitar).

—_____ (Tener-tú) que aprender a _____ (viajar) con menos equipaje.

—Yo lo _____ (saber). A propósito, yo _____ (conducir) para que tú

puedas _____ (descansar).

B.

—¿A qué hora _____ (comenzar) el maratón?

—A las tres. ¿_____ (Pensar-tú) que nosotros _____ (poder) ganar?

—Pues, claro. Siempre _____ (haber) que tener esperanza. Además, nosotros

_____ (estar) en buen estado físico. ¿Qué _____ (hacer) tú antes de un

maratón?

—Yo siempre _____ (despertarse) temprano, pero no _____

(desayunarse) y si es por la tarde no _____ (almorzar). Sólo _____

(beber) jugo.

—Ten cuidado. La dieta _____ (ser) importante. Por lo menos _____

(tener) que cenar bien.

—Sí, yo lo _____ (saber). Siempre le _____ (decir) lo mismo a mis

compañeros, pero no _____ (hacer-yo) lo que _____ (deber).

—Bueno, empieza a _____ (practicar) lo que tú _____ (decir).

—Así lo haré.

C.

—¿_____ (Venir-tú) esta tarde con nosotros?

—Claro. Si yo _____ (resolver) todo, _____ (ir-yo) a estar allí sin falta.

—Si _____ (llover) y yo _____ (demorarse) no te preocupes. Nosotros no

_____ (comenzar) a tiempo nunca.

—¿Cuánto _____ (costar) la entrada?

—No _____ (saber-yo).

—Si les _____ (pedir) un descuento, te lo darán.

—Oh, ya _____ (volver) los otros. _____ (Vestirse-yo) en un minuto. Si tú

_____ (cerrar) las ventanas podremos salir en seguida.

Etapa 4
Cómo expresar deseos y obligaciones

EXAMEN

I. Lee las frases siguientes y escribe **el mandato** correspondiente.

1. José cambia los canales del televisor constantemente. Por favor José, no _____ (cambiar) tanto los canales.

2. Si sales de la casa antes de las siete, evitarás el tránsito. _____ (Salir) temprano.

3. Ese parque es muy peligroso, Sandra. No _____ (correr) allí por la noche.

4. Tu hermana está durmiendo. No _____ (hacer) ruido.

5. Marcos, han cancelado la charla. No _____ (ir) a la sala de conferencias.

6. Pareces muy cansado. _____ (Dormir) un rato.

II. Lee las frases siguientes y escribe **el mandato** correspondiente.

1. Tiene que pasar por la máquina de rayos X. _____ (Sacar) Ud. todo lo que tiene en los bolsillos.

2. Señor Iglesias, la reunión es muy importante. No _____ (olvidar) los documentos.

3. Muchos periodistas van a estar presentes durante la conferencia de prensa. _____ (Pensar) Ud. muy bien lo que va a decir.

4. Ud. es muy inteligente. No _____ (ser) modesto.

5. El abogado no se encuentra en la oficina ahora. _____ (Venir) Ud. a las tres.

6. No quiero quedarme solo. _____ (Sentarse) Uds. conmigo.

7. Ud. no conoce esta ruta. _____ (Conducir) cuidadosamente.

8. Quiero que la policía vea lo que sucedió. No _____ (mover) Uds. nada.

III. Completa las siguientes situaciones con la forma correcta del verbo entre paréntesis. Tienes que escoger entre **el subjuntivo** y **el indicativo**.

A.

—Es una lástima que Adela no _____ (haber) entregado el informe todavía. El gerente de la compañía quiere que sus clientes _____ (enterarse) de lo que está sucediendo con su proyecto.

—¿Qué consejos les _____ (ir) a dar si Adela no ha terminado el informe?

—No sé. Nosotros preferimos _____ (esperar) hasta mañana ya que ellos insisten en que _____ (tener-nosotros) todo terminado antes de decidir su próximo paso.

—Ojalá que ella _____ (poder) entregarlo lo antes posible.

B.

—¿Por qué te exigen tus padres que _____ (llegar-tú) antes de las diez a casa?

—Porque ellos piensan que no _____ (ser) necesario que yo _____ (andar) por el centro hasta las altas horas de la noche.

—Debes hablarles y explicarles que nosotros _____ (ir) a un café muy concurrido y que nunca _____ (hablar) con gente extraña.

—Mira, más vale que yo _____ (dejar) las cosas así. No quiero que ellos _____ (enojarse) y que luego no me _____ (permitir) participar en la excursión este fin de semana.

—Tienes razón. Es evidente que ya _____ (saber) cómo ellos reaccionan. Haz lo que te _____ (convenir).

C.

—Cuando Teodoro me escribe siempre me pide que le _____ (enviar) tarjetas postales. Prefiere que _____ (ser-ellas) de edificios y puentes. Espera un día _____ (poder) estudiar arquitectura.

—Yo le pregunté a mi compañero de clase y él sugiere que _____ (visitar-tú) la librería de la universidad. Allí podrás conseguir lo que _____ (querer-tú).

—Así lo haré. Aunque conviene que tú me _____ (acompañar). Tú sabes mucho de arquitectura y me _____ (poder) recomendar algunos libros. Espero que también le _____ (poder-nosotros) enviar algún libro que le interese.

—Excelente idea. No dudo que lo que _____ (escoger-nosotros) le encantará. Teodoro es un chico fenomenal.

IV. Para cada una de las siguientes situaciones responde con por lo menos **dos** frases completas.

1. Carlos llegó tarde a la estación y perdió el último tren a casa de su abuelo. ¿Qué le aconsejas?

_____

_____

_____

_____

2. Carolina y su esposo se han mudado a una nueva ciudad y no tienen trabajo. ¿Qué les conviene?

_____

_____

_____

_____

3. Manuel ha ahorrado suficiente dinero para comprar una computadora pero no sabe cuál comprar. ¿Qué le recomiendas?

_____

_____

_____

_____

4. Puedo participar en un programa especial durante el verano en una universidad cerca de mi casa. Tengo planes para ir de vacaciones a Perú. ¿Qué me sugieres?

_____

_____

_____

_____

5. En nuestra comunidad hay muchas personas que no tienen casa. Nosotros queremos ayudar en todo lo posible. ¿Qué es importante?

_____

_____

_____

_____

Etapa 5
La narración y la descripción en el futuro
Cómo expresar emociones, dudas y negación

EXAMEN
¡ ¡ ¡ ¡ ¡ ¡ ¡ ¡

I. Escribe la forma correcta de los verbos entre paréntesis en **el tiempo futuro**.

El próximo día dieciséis, _____ (celebrarse) la apertura de la exposición del gran

maestro Eugenio Flores. Ésta _____ (ser) la primera vez que el señor Flores

_____ (exponer) su obra en Latinoamérica. Por primera vez, el público

_____ (poder) apreciar la sutileza y maestría con que este gran pintor usa los colores.

Reconocido por muchos años en su tierra natal de España, el señor Flores _____ (traer)

a este lado del Atlántico sus mejores obras. Durante su estancia, _____ (haber) una

serie de conferencias organizadas por la Galería Montiel. El público _____ (tener) la

oportunidad de dialogar con críticos e historiadores de arte que _____ (venir) de varios

países. Los aficionados a su arte _____ (querer) hacer reservas lo antes posible. Las

entradas a la exposición no _____ (valer) mucho, ya que los organizadores desean que

el mayor número de personas pueda disfrutar de las actividades en conjunto con esta esperada

exposición.

¡ ¡ ¡ ¡ ¡ ¡ ¡ ¡ ¡ ¡ ¡ ¡ ¡ ¡ ¡ ¡ ¡ ¡

II. Lee las siguientes situaciones. Luego escribe una frase expresando por qué habrán ocurrido.

1. La obra de teatro no se estrena hasta el próximo mes.

_____

2. Cinco estudiantes fueron expulsados de la escuela ayer.

_____

3. Hace tres días que no duermo.

_____

III. Las siguientes frases están incompletas. Tú tienes la oportunidad de completarlas de una manera original. Usa tu imaginación.

1. Iré a visitarlo tan pronto como...

_____

_____

2. Gerardo y Julia no han encontrado a nadie que...

_____

_____

3. Siéntate aquí, a no ser que...

_____

_____

4. Te voy a llevar al parque cada vez que...

_____

_____

5. Llueve mucho. Saldremos en cuanto...

_____

_____

6. Ya llega el tren, así que...

_____

_____

7. Aquí tienes un abrigo en caso de que...

_____

_____

8. Esperamos a Justino hasta que...

_____

_____

9. Nos prestan los libros de manera que...

_____

_____

10. Me saludó, una vez que...

_____

_____

IV. Completa las siguientes selecciones con la forma correcta del verbo entre paréntesis. Antes de comenzar, lee toda la selección para que tengas una idea general del contexto.

A.

Todas las mañanas salgo temprano de mi casa. En la esquina me encuentro con Pedro, el

vendedor de flores que siempre _____ (estar) allí, a menos que _____

(llover). No creo que él _____ (saber) mi nombre, pero el mero hecho de saludarnos

todos los días ha hecho que yo lo _____ (considerar) un amigo. Es triste que no

_____ (esforzarse-yo) y le _____ (hablar-yo) por un rato. Al mismo

tiempo, dudo que él _____ (querer) pasar mucho tiempo conversando conmigo

mientras _____ (atender-él) su negocio. Quizás mañana _____ (hacer-yo)

una pequeña pausa en mi carrera al metro y _____ (quedarse) unos minutos

hablando con él. Después de todo, siempre me sorprende que en una ciudad tan grande como

ésta _____ (encontrar-nosotros) caras conocidas dondequiera que _____

(ir-nosotros). Puede ser una coincidencia o mi decisión de hablar con Pedro, pero cada día esta

semana me he encontrado con alguien que _____ (conocer-yo).

B.

—Mira Gregorio, trata de terminar la cena antes de que _____ (llegar) los invitados.

Yo voy a poner la mesa cuando _____ (ser) las seis.

—De acuerdo. La última vez que _____ (tener-nosotros) una celebración aquí se nos

hizo tarde y yo todavía _____ (estar) en el baño cuando _____ (llegar)

los invitados.

—Sí, lo recuerdo muy bien. Espero que no _____ (suceder) lo mismo... Parece

mentira que no _____ (haber-nosotros) visto a los Fernández desde que

_____ (regresar-ellos) de El Salvador.

—El tiempo vuela. Tengo muchas ganas de darle un buen abrazo a Pedro cuando lo

_____ (ver). Por enojado que yo _____ (haber) estado con él, todavía

lo _____ (considerar) mi mejor amigo.

—Estoy segura de que él _____ (sentirse) igual que tú. ¿Por qué crees que

_____ (decidir-yo) invitarlos? Me parece que una buena cena es una ocasión

fenomenal para que _____ (olvidarse-Uds.) de los problemas del pasado.

—Tienes razón. Siempre vale la pena _____ (salvar) una amistad.

Etapa 6
La narración y la descripción más detallada en el pasado

(Please note that Section V. will be administered on a different day.)

EXAMEN
¦¦¦¦¦¦¦¦

I. Lee las siguientes frases. Luego escribe una frase en **el condicional** usando la información entre paréntesis.

1. El testigo le mintió al juez. (yo/decir la verdad)

_____

_____

2. No pudieron comprar el coche. (valer demasiado)

_____

_____

3. Ellos tuvieron que dejar las plantas en la ciudad. (no caber en el coche)

_____

_____

4. Uds. se perdieron varias veces antes de llegar a mi casa. (no saber la dirección)

_____

_____

5. Sandra no pudo llegar a tiempo. (ella/despertarse tarde)

_____

_____

6. El invierno pasado, Juan Carlos no pudo subir hasta la cima de la montaña. (nevar mucho)

_____

_____

¦¦¦¦¦¦¦¦¦¦¦¦¦¦¦¦¦¦

II. Lee las frases a continuación. Luego escribe una frase para expresar una hipótesis sobre lo que podría ocurrir si la segunda parte se cumpliera.

1. Quiero bailar con Gisela. No sé bailar.

_____

_____

2. No tenemos mucho dinero. Gastamos mucho.

_____

_____

3. Siempre pierdes el pasaporte. Andas muy distraído.

_____

_____

4. No puedo sacar fotos. No traigo la cámara.

_____

_____

5. No podemos comer paella. No encontramos el restaurante.

_____

_____

III. Completa las siguientes frases sobre un viaje que hicieron Ernesto y sus amigos con la forma correcta del verbo entre paréntesis.

1. Nos pidió que _____ (nosotros-ir) en el coche de mi padre para que

_____ (nosotros-caber) todos.

2. Mi madre nos preparó bocadillos en caso de que no _____ (tener) tiempo de parar

para cenar.

3. Dudábamos que _____ (haber) mucho tránsito.

4. Temíamos que la neblina no nos _____ (permitir) conducir rápidamente.

5. Tuvimos que parar en una estación de gasolina para que nos _____ (decir) si

íbamos por el camino correcto.

6. Allí dejamos que los perros _____ (andar) un poco pues estaban cansados de estar

en el coche todo el día.

7. Si _____ (nosotros-estar) en otro estado habríamos usado nuestro detector de

velocidad.

IV. Completa las siguientes frases con la forma correcta del verbo entre paréntesis.

1. Te prometo que yo lo _____ (saludar) por ti, si lo veo en la fiesta.

2. Nos sorprendió que _____ (venir) tanta gente a la boda de Rodolfo.

3. El acusado negó que _____ (haber) otras personas involucradas en el crimen.

4. Era una lástima que no nos _____ (incluir) en sus reuniones.

5. Les prometimos que Uds. _____ (volver) en unos días.

6. Actúas como si ya _____ (ganar) el premio.

7. Me sorprendió que ellos les _____ (mentir) a sus padres.

8. Mis abuelos decidieron enviarme dinero mientras que yo no (tener) _____ trabajo.

V. Lee las siguientes frases, luego escoge la forma verbal que complete las frases correctamente.

1. Ayer me dijo que él me...

   a. acompañará.   **b.** acompañaría.   **c.** acompañara.

2. Por mucho que lo..., hará lo que ya ha decidido.

   a. aconsejes   **b.** aconsejas   **c.** aconsejarás

3. Era necesario que nosotros... la bandera.

   a. saludamos   **b.** saludáramos   **c.** hubiéramos saludado

4. Nos exigen que... todos los museos.

   a. hemos visitado   **b.** visitamos   **c.** visitemos

5. Ignacio nos prestó el coche para que... llegar a la playa sin problema.

   a. pudiéramos   **b.** pudimos   **c.** hubiéramos podido

6. Si me aumentan el sueldo esta semana... más dinero en el banco.

   a. pondré   **b.** pondría   **c.** hubiera puesto

7. Sergio salía con nosotros cada vez que... al Café Barcelona.

   a. iríamos   **b.** habíamos ido   **c.** íbamos

8. ¿Hay algún televisor que... un control remoto?

   a. tendrá   **b.** haya tenido   **c.** tenga

9. Es justo que les... todas las pelotas de tenis.

   a. devolvieron   **b.** devuelvan   **c.** devolverán

10. Todos los perros empiezan a ladrar en cuanto me... entrar.

    a. ven   **b.** vean   **c.** verán

11. Teníamos miedo de que él no... a tiempo.

    a. venía   **b.** viniera   **c.** habría venido

12. Le rogué que me... la ropa que olvidé en el patio.

    a. trajera   **b.** traerá   **c.** trajeron

13. Me sorprendería si tú no lo...

    a. ayudaste.   **b.** ayudabas.   **c.** ayudaras.

14. Fue evidente que el jurado no... toda la evidencia del caso.

    a. considerara   **b.** consideró   **c.** hubiera considerado

15. No te preocupes por mí; haz lo que tú...

    a. quieres.   **b.** quieras.   **c.** has querido.

16. Les compraré lo que Uds. me...

    a. piden.   **b.** pidan.   **c.** pidieran.

17. El presidente vino a la ciudad sin que su presencia... muchas dificultades para la policía.

    a. causará   **b.** causara   **c.** causaría

18. Me regaló una maleta para que... todos los regalos.

    a. ponía   **b.** puse   **c.** pusiera

19. Nos gustaba ir a esquiar a menos que no... lo suficiente.

    a. nevaría   **b.** nevaba   **c.** nevara

20. Será indispensable que todos... lo mismo.

    a. digamos   **b.** diremos   **c.** decimos

Paso 1
Nouns and articles

EXAMEN
▮▮▮▮▮▮▮▮

I. Escribe **el artículo definido** que corresponde a los siguientes sustantivos o expresiones.

1. _____ virtudes

2. _____ Canarias

3. _____ ángel

4. _____ costumbre

5. _____ lavamanos

6. _____ Caribe

7. _____ dificultades

8. _____ veinte por ciento

9. _____ serie

10. _____ personaje

11. _____ héroe

▮▮▮▮▮▮▮▮▮▮▮▮▮▮▮▮▮

II. Escribe **el plural** de los siguientes sustantivos. Da también **el artículo definido** correspondiente.

1. lunes _____ _____

2. parte _____ _____

3. abrelatas _____ _____

4. voz _____ _____

5. ley _____ _____

6. raíz _____ _____

7. mano _____ _____

8. refrán _____ _____

9. sistema _____ _____

10. tesis _____ _____

▮▮▮▮▮▮▮▮▮▮▮▮▮▮▮▮

III. Escribe **la forma femenina** de los siguientes sustantivos. Usa **el artículo indefinido** correspondiente.

1. cantante _____ _____

2. actor _____ _____

3. rey _____ _____

4. serpiente _____ _____

5. poeta _____ _____

IIIIIIIIIIIIIIIII

IV. Completa las siguientes situaciones con una palabra de la lista a continuación. Recuerda que debes usar **el artículo definido** correspondiente, según el contexto de la selección.

papa/guía/editorial/capital/cometa/orden/cura

A. Hay muchos científicos que están trabajando para encontrar _____ de muchas enfermedades. Uno de los problemas que enfrentan es que como no reciben mucho dinero del gobierno, no tienen _____ que les permita continuar con las investigaciones.

B. En _____ del periódico de esta mañana la señora Valenzuela discute los problemas que tienen los campesinos que cultivan _____ en las regiones andinas. Ellos esperan _____ del Ministro de Agricultura para recibir más presupuestos.

C. En el Museo de Historia Natural, _____ nos mostró una película sobre _____ que aparecieron en el cielo en los últimos tres años. Era obvio que él había estado haciendo este trabajo por mucho tiempo pues estaba muy bien informado.

IIIIIIIIIIIIIIIII

V. Completa las siguientes selecciones con la forma correcta del **artículo definido** o **indefinido** según el contexto. Si no hace falta un artículo escribe **una X**. En algunos casos vas a necesitar usar una contracción.

A. _____ Jiménez trabajan muy duro durante el año, por eso cuando tienen _____ oportunidad salen de _____ vacaciones con toda _____ familia. Hace _____ meses decidieron ir _____ Caribe, en particular a Puerto Rico. Allí vivían _____ tíos a los que no habían visitado por mucho tiempo. Jesús, _____ hijo mayor, decidió invitar a su mejor amigo. _____ único problema fue que Claude no hablaba _____ español. Después de _____ días, Jesús se cansó de tener que traducir todo lo que le decían sus tíos _____ inglés. Después de _____ mes en Puerto Rico, Claude empezó a sentirse más a gusto y _____ día en _____ de _____ conversaciones comenzó a decir varias palabras en español. En _____ calle leía _____ anuncios con bastante entendimiento.

B. Claude nunca se ha olvidado _____ viaje que hicimos a Vieques donde conoció a Marisa, _____ chica que le gustó mucho y a quien espera visitar _____ año próximo. Esta experiencia lo entusiasmó a estudiar español _____ vez que regresó a los Estados Unidos. Ahora me encuentro con él todos _____ lunes para practicar _____ poco y para ayudarle a escribir largas cartas a aquella chica de la Isla del Encanto.

Paso 2
Subject pronouns

EXAMEN
❚❚❚❚❚❚❚❚

I. Qué pronombre usarías en lugar de los sujetos subrayados? En el espacio a la derecha, escribe **el pronombre** correspondiente.

1. El señor Juárez no ha llegado todavía. _____

2. ¿Por qué están tan preocupados <u>sus colegas</u>? _____

3. Es obvio que <u>usted y yo</u> no podemos empezar ahora. _____

4. <u>Tú y Celeste</u> no llegaron a tiempo. _____

5. <u>Ángela y Carolina</u> van a bailar esta noche. _____

❚❚❚❚❚❚❚❚❚❚❚❚❚❚❚❚❚❚

II. Contesta las preguntas siguientes en español usando las palabras entre paréntesis en las respuestas.

1. Hay alguien debajo de la mesa, ¿quién es? (*I*)

_____

2. Necesito ayuda con los preparativos, ¿quiénes van a ayudar? (*we*)

_____

3. No sabe quién va a hacer las maletas. (*he*)

_____

4. Todo salió muy bien, ¿quiénes prepararon la cena? (*they feminine*)

_____

5. Ya terminó la competencia, ¿quién es el ganador? (*you familiar*)

_____

III. Lee las frases a continuación y luego escribe una pregunta para obtener más información. Usa **pronombres** en las preguntas.

1. Señor Suárez, siento que esté enfermo.

_____

_____

2. Salgo todos los fines de semana.

_____

_____

3. Llegan a las tres de la tarde.

_____

_____

4. No sabemos nada de ese tema.

_____

_____

5. Está muy contenta hoy.

_____

_____

Paso 3
Prepositional pronouns

EXAMEN
I I I I I I I I

I. Responde a las siguientes preguntas usando **un pronombre** después de la preposición. Usa la información entre paréntesis en tus respuestas.

Modelo:　　　¿Con quién vas? (Alfonso)

Voy con él.

1. ¿Para quién es esa revista? (Luisa y Celia)

_____

2. ¿Alrededor de quiénes se sentaron los invitados? (nosotros)

_____

3. ¿Delante de quién se sienta Jaime? (tú)

_____

4. ¿Se lo diste a Gisela? (Francisco)

_____

5. ¿Quieres ir conmigo? (tú)

_____

I I I I I I I I I I I I I I I I I I I

II. Completa las siguientes frases con **un pronombre** según el contexto.

1. Juan está leyendo siempre. A _____ le gustan las novelas policíacas.

2. Mis padres necesitaban una lavadora. Yo compré una para _____.

3. ¡Marta! ¡Juan!... Apúrense, si no voy a salir sin _____.

4. Celeste y Alberto siempre pelean, por eso yo me senté entre _____.

5. Ella estaba muy contenta de verme. Cuando me vio, ella salió corriendo hacia _____.

6. Fernando, tú no eres muy discreto, no tengo confianza en _____.

7. No toques ese pastel; me lo voy a comer más tarde. Es para _____.

8. Señora Contreras, Ud. no ha dicho mucho. Según _____ no sucedió nada anoche. ¿Está segura?

9. —¿Se lo diste a Petra?

—Sí, se lo di a _____.

10. A _____ no nos gusta levantarnos tarde.

Paso 4
Object pronouns

EXAMEN
I I I I I I I I

I. Lee las frases a continuación y luego da **un mandato positivo** que sea lógico según la información.

1. No me gusta prestarle el libro a Genaro.

_____

2. ¿Le doy los reportes a los miembros del equipo?

_____

3. ¿Dónde nos ponemos los trajes de baño?

_____

4. ¿Me quito las sandalias antes de entrar en el agua?

_____

5. ¿Te pongo crema bronceadora en la espalda?

_____

6. Me tengo que despertar a las cinco de la mañana.

_____

I I I I I I I I I I I I I I I I I I I

II. Según la información en las frases siguientes, escribe **un mandato negativo**.

1. ¿Le permito a Jesús salir temprano?

_____

2. ¿Debo buscar los boletos para el viaje?

_____

3. Les traeré todo lo que me pidan Uds., ¿de acuerdo?

_____

4. ¿Te devuelvo las revistas ahora?

_____

5. ¿Me tomo las pastillas antes de cenar?

_____

III. Lee el siguiente diálogo. Luego, complétalo con la forma apropiada del **pronombre complemento directo** o **indirecto**.

—¿Has visto a Fernando hoy?

—Sí, _____ acabo de ver en la cafetería.

—Hace tres días que _____ prestamos veinte dólares y todavía

no _____ _____ ha devuelto a nosotros.

—Me sorprende que no _____ haya pagado a Uds. Generalmente es un chico muy cumplido.

—Es que últimamente a él _____ ha dado por apostar su dinero y nunca tiene un centavo.

—¿Quién _____ dijo eso a ti?

—Su prima. _____ _____ pregunté a ella y aunque con un poco de vergüenza _____

_____ contó todo a mí.

—Quizás si _____ hablamos, él decida hablar con el consejero de la escuela.

IV. Expresa en español la información que aparece en inglés.

1. Como no pudimos encontrar las maletas en el aeropuerto, _____

_____

_____.

(*they brought them to us at the hotel*)

2. Elena le leía un libro a su hijo. Yo traté de hablar con ella pero _____

_____

_____.

(*she continued reading it to him*)

3. Mariana, no hay manera que yo pueda hacer estos ejercicios. Por favor _____

_____

_____.

(*explain them to me*)

4. Lo siento, César. No te puedo prestar la computadora. Roberto tenía que escribir un informe y

_____

_____.

(*I have lent it to him*)

Paso 5
Relative pronouns

EXAMEN
▮▮▮▮▮▮▮▮

I. Combina las frases siguientes con **un pronombre relativo** para formar una frase.

1. Sergio está leyendo el periódico. El periódico es de ayer.

_____

2. Encontré a muchos chicos. Los chicos se entrenaban para los Juegos Panamericanos.

_____

3. Ésa es la tienda. El dueño la quiere cerrar.

_____

4. Les daré una camiseta. Las camisetas son para los que terminen primero.

_____

5. Estás haciendo mucho ruido. Me molesta.

_____

6. Allí está el autor. Conozco su obra muy bien.

_____

7. Me contaste un chisme malicioso. Es mentira.

_____

8. Me regalaron una bicicleta. Puedo ir a la escuela en bicicleta.

_____

9. Te voy a dar una explicación muy detallada. Durante la explicación toma apuntes.

_____

10. Habíamos sembrado muchas plantas en el jardín. Las plantas fueron destruidas por la tormenta.

_____

11. Hay mucha gente en la sala de baile. La gente no quiere bailar.

_____

12. Han salido varios coches al mercado. Los coches gastan mucha gasolina.

_____

II. Sustituye los sujetos subrayados por otro de sólo una palabra.

1. Los niños que crucen la calle serán castigados.

_____

2. La estudiante que devuelva el libro a tiempo, no pagará la multa.

_____

3. Los regalos que me traigan, los guardaré hasta el día de mi cumpleaños.

_____

III. Escoge la palabra o palabras que completen las frases siguientes según el contexto.

1. Este mes... nos paguen, iremos de compras.

  a. que   **b.** cuando   **c.** lo que

2. No sabíamos que allí estaba el hueco por... salían todas esas hormigas.

  a. donde   **b.** cual   **c.** las cuales

3. ...te dije sobre María es verdad.

  a. El que   **b.** La que   **c.** Lo que

4. ¿Ya encontraron los documentos... necesitaban para la investigación?

  a. que   **b.** los que   **c.** los cuales

5. Lavamos los pantalones con... vamos a la fiesta mañana.

  a. lo que   **b.** que   **c.** los cuales

6. La Guerra Civil Española, durante... sufrió mucho el pueblo, siempre será una lección para todos los países del mundo.

  a. la que   **b.** las cuales   **c.** la cual

7. Es una situación... ya no tiene remedio.

  a. la cual   **b.** la que   **c.** que

8. Por favor, dígame... he hecho yo para enojarlo tanto.

  a. lo que   **b.** el cual   **c.** que

9. Ya yo tengo esa revista. Quiero ver... llegó ayer.

   a. que   **b.** la que   **c.** la cual

10. Los parientes de Josefa,... venían a pasar unos días con ella, decidieron cancelar su viaje a último momento.

   a. quienes   **b.** cuales   **c.** quien

11. En junio,... me gradúe, voy a visitar a mis abuelos en Chile.

   a. donde   **b.** cuando   **c.** el cual

12. La escalera por... subimos estaba muy vieja.

   a. la cual   **b.** que   **c.** cual

13. ¿Por qué no nos reunimos... estacionaste el coche?

   a. que   **b.** donde   **c.** la que

14. Sin ningún problema, llegamos a la estación en... nos esperaba Tina.

   a. la cual   **b.** que   **c.** quien

15. Ésa es la novela... personajes son personas que verdaderamente han existido.

   a. cuya   **b.** cuyas   **c.** cuyos

16. Ésa es la actriz de... han escrito varios artículos escandalosos.

   a. la que   **b.** quien   **c.** que

17. Esos profesores,... han publicado muchos libros, son muy famosos.

   a. quienes   **b.** los que   **c.** que

18. Santiago llegará a las siete,... nos permitirá empezar la reunión temprano.

   a. el que   **b.** quien   **c.** lo cual

19. Ésa es la isla... clima garantiza a los turistas buen tiempo todo el año.

   a. cuyos   **b.** cuya   **c.** cuyo

20. Ellos han anunciado muchas actividades interesantes,... significa que nos vamos a divertir.

   a. el que   **b.** lo cual   **c.** que

Paso 6
Interrogatives and exclamations

EXAMEN

I. Escribe **el interrogativo** correspondiente según la información subrayada.

1. ¿_____ prefieren Uds.?   Preferimos <u>ésos que están allí</u>.

2. ¿_____ vas al teatro?   Voy <u>con mis compañeros de clase</u>.

3. ¿_____ valdrá esa videocasetera?   Vale <u>doscientos dólares</u>.

4. ¿_____ hizo esos comentarios?   Los hizo <u>Guillermo</u>.

5. ¿_____ van ellos con tanta prisa?   Van <u>a la clase de química</u>.

6. ¿_____ banderas hay en el balcón?   Hay <u>unas quince</u>.

7. ¿_____ llevan Uds. en esas cajas?   Unos <u>discos compactos</u>.

8. ¿_____ canta ese grupo?   Canta <u>muy bien</u>.

ı ı ı ı ı ı ı ı ı ı ı ı ı ı ı ı ı

II. Cambia las siguientes preguntas a frases. Las frases deben ser **preguntas indirectas** que expresen la misma idea que la pregunta.

1. ¿Qué es eso?

_____

2. ¿Cuándo sale el tren?

_____

3. ¿Por qué estás llorando?

_____

||||||||||||||||||

III. Usa **una exclamación** apropiada.

1. Gastamos casi cien dólares.

_____

2. Pesas casi doscientas libras.

_____

3. Es uno de los mejores jugadores de tenis.

_____

||||||||||||||||||

IV. Lee las siguientes frases y luego escribe una pregunta lógica para obtener más información. Usa diferentes **palabras interrogativas** para cada una de tus preguntas.

1. Encontré esta cartera en el patio.

_____

_____

2. Ella vive en otro barrio ahora.

_____

_____

3. Estoy escribiendo tarjetas desde esta mañana.

_____

_____

4. No conozco a esos chicos que juegan en la calle.

_____

_____

5. Hace tres días que tenía que terminar de leer esta obra de teatro pero no lo he podido hacer.

_____

_____

Paso 7
Numbers

EXAMEN
IIIIIIII

I. Todos los meses la revista española *Entre estudiantes*, publica información sobre la demanda que existe en España para estudiantes titulados (*graduated*). Completa los siguientes párrafos usando letras en lugar de números.

TITULADOS	% DE ESTUDIANTES	MES ANTERIOR	ESTE MES
Universitarios	33	64	68
Formación profesional	24	33	30
Otras	43	3	2
TOTAL	100	100	100

Según la información este mes hay una demanda de un _____(68) por ciento de estudiantes universitarios, en comparación con un _____ (64) por ciento el mes anterior.

El _____ (32) por ciento de los estudiantes titulados son universitarios, el _____ (24) por ciento tiene formación profesional y el _____ (43) por ciento tiene otros títulos.

CONOCIMIENTOS DE IDIOMAS	UNIVERSITARIOS	NO UNIVERSITARIOS
Inglés técnico	1,34	0,78
Inglés hablado y escrito	26	11,12
No solicitan	59	61

El _____ (26) por ciento de los puestos requiere conocimiento de inglés hablado y escrito. El _____ (59) por ciento de los estudiantes universitarios y el _____ (61) por ciento de los estudiantes no universitarios no necesitan hablar un idioma extranjero.

II. Los siguientes son precios para viajes entre Madrid y diferentes países de las Américas. Escribe en letras los números.

Cancún	*88.400 ptas.*
México, D.F.	*97.700 ptas.*
Montreal	*111.200 ptas.*
Buenos Aires	*163.800 ptas.*
Río de Janeiro y Stgo. de Chile	*250.100 ptas.*

_____

_____

_____

_____

_____

_____

_____

_____

_____

_____

III. Completa las frases siguientes con el número entre paréntesis.

1. Ya leímos hasta el capítulo _____ (21).

2. En ese rincón hay _____ (51) botellas.

3. Asistieron _____ (500) mujeres a ese congreso.

4. Ya pronto se termina el siglo _____ (20).

5. Si las cuentas todas, verás que son _____ (100).

6. Esa familia se ganó más de _____ (1.000.000) de dólares.

7. Había más de _____ (40) hombres trabajando en la finca.

IV. Completa las siguientes situaciones con la forma apropiada de **los números ordinales** entre paréntesis.

A. Nunca he estado en este estadio. Es la _____ (1) vez que vengo a ver un

partido de fútbol. Vamos a sentarnos en la _____ (1) fila para ver mejor. ¿Quién

es ese chico? El _____ (3) que entró por esa puerta.

B. El _____ (1) día de cada mes vamos al lago. Allí practicamos el ciclismo.

Nuestra escuela participará en los _____ (10) Juegos Estudiantiles. El año

pasado nuestro equipo quedó en _____ (3) lugar, pero este año queremos ser

los _____ (1) en llegar a la meta.

C. Ya estamos en el _____ (5) capítulo del libro. Ayer empecé a repasar y en la

_____ (1) página me di cuenta de que ésa era la _____ (4) vez

que la profesora nos pedía que leyéramos esa novela.

Paso 8
Indefinite and negative words

EXAMEN
|||||||||

I. Cambia las siguientes frases a la forma **negativa**. Trata de usar todas las palabras negativas posibles en cada frase.

1. Ya compré todo lo que me pediste.

_____

2. Puedes visitar el museo o la galería de arte.

_____

3. ¿Siempre gritas de esa manera?

_____

4. Alguien me ha dicho algo sobre ese incidente.

_____

5. Busco algún libro que me ayude con el experimento.

_____

|||||||||||||||||||||

II. Responde a las siguientes preguntas de una manera **negativa**. Trata de usar todas las palabras negativas posibles.

1. ¿Has visitado alguna vez Tenochtitlán?

_____

2. ¿Entiendes algo de lo que dice el profesor?

_____

3. ¿Hay alguien que llegó a tiempo a la clase?

_____

4. ¿Dice alguien algo interesante en la clase de vez en cuando?

_____

5. ¿Tiene alguien algún problema con lo que dijo el presidente ayer?

_____

III. Completa las frases siguientes con **pero**, **sino** o **sino que** según el contexto.

1. No compraron las rosas _____ las azaleas.

2. No he visto esa película _____ dicen que es muy buena.

3. Ella no dijo que nevaba _____ hacía un sol muy fuerte.

4. Ya te he dicho que no pongas los libros en la mesa _____ en aquel estante.

5. No es que sea cobarde _____ me impresionan mucho las escenas de horror.

6. Horacio sólo pasó unas horas en el centro comercial _____ pudo comprar todos los regalos que buscaba.

7. No quería ir de viaje _____ se lo había prometido a su esposo.

8. Siempre dice que no deje a Carmencita sola _____ la traiga a la biblioteca.

9. El profesor no pidió el informe hasta el lunes _____ se lo di el viernes.

10. No vengas a recogerme por la tarde _____ por la noche.

Paso 9
"Gustar" and verbs like "gustar"

EXAMEN
I I I I I I I I

I. Combina las palabras y frases para escribir frases completas. Usa el sujeto entre paréntesis en tus respuestas y haz los cambios que sean necesarios.

1. (Tú) hacer falta/tres informes de laboratorio

_____

2. (Nosotros) convenir/caminar o correr todos los días

_____

3. (Yo) parecer/unos chicos fenomenales

_____

4. (Ella) ahora tocar a

_____

5. (Uds.) apetecer/la comida vasca

_____

I I I I I I I I I I I I I I I I I I

II. Completa las frases con una de las palabras de la lista a continuación. Usa el verbo solamente una vez. Hay más verbos de los que necesitas. Recuerda que debes usar el pronombre correspondiente.

fastidiar/agradar/faltar/doler/convenir/sobrar/molestar

1. A Rebeca _____ tres estampillas para completar la colección.

2. A mis padres _____ salir de compras juntos. Así pueden hablar sobre lo que sucede en sus oficinas.

3. ¿Qué _____? Caminas como si te hubieras roto la pierna.

4. No sé lo que me pasa pero _____ tres piezas de este rompecabezas (*puzzle*).

5. Apaga la radio, ya sabes que a mí _____ ese tipo de música.

III. Lee las siguientes situaciones, luego escribe una frase lógica usando los verbos entre paréntesis.

1. ¿Quieres ir a la piscina con nosotros? (agradar)

_____

2. ¿Qué piensas de esos chicos? (parecer)

_____

3. ¿Sabe Rosaura lo que sucedió ayer? (importar)

_____

4. ¿Quién es el próximo? (tocar)

_____

5. Voy a cocinar arroz con pollo, ¿quieren venir a cenar? (apetecer)

_____

IV. Usa los verbos siguientes para expresar los intereses/información sobre las siguientes personas, incluso tú mismo(a). Hay uno de más.

aburrir/agradar/sorprender/faltar/quedar/encantar

1. A mí...

_____

_____

2. A mi profesor(a)...

_____

_____

3. A los policías...

_____

_____

4. A Teresa y a mí...

_____

_____

5. A ti...

_____

_____

Paso 10
Adverbs

EXAMEN
❚ ❚ ❚ ❚ ❚ ❚ ❚ ❚

I. Escribe **un adverbio** para los siguientes adjetivos.

1. desgraciado _____

2. silencioso _____

3. cariñoso _____

4. pensativo _____

5. normal _____

❚ ❚ ❚ ❚ ❚ ❚ ❚ ❚ ❚ ❚ ❚ ❚ ❚ ❚ ❚ ❚ ❚ ❚

II. Cambia las frases siguientes usando uno de los adverbios de la lista a continuación. El significado de la frase que escribes tiene que ser el mismo que la frase dada.

de buena gana/apenas/de prisa

1. Casi no llegó a tiempo.

_____

_____

2. Siempre hace lo que le pido con mucho gusto.

_____

_____

3. No podemos hacer la receta tan rápido.

_____

_____

III. Cambia los siguientes adjetivos a adverbios y completa las frases de una manera lógica. Puedes usar un adverbio más de una vez.

cariño/total/tranquilo/cómodo/absoluto
constante/romántico/cuidadoso/nervioso/apasionado

1. Siempre me habla _____ y _____.

2. Entramos en el cuarto _____ y _____.

3. Salió a la calle _____ desorientado.

4. Dormimos en el bosque _____ y _____.

5. Durante el discurso yo bostezaba (*yawned*) _____.

IV. Cambia las frases adverbiales a adverbios de una palabra.

1. Le habló <u>con sinceridad</u>.

_____

2. Me visitaba <u>con frecuencia</u>.

_____

3. Explicó los ejercicios <u>con paciencia</u>.

_____

4. Discutíamos los temas <u>con inteligencia</u>.

_____

V. Responde en español a las siguientes frases usando la información entre paréntesis.

1. ¿Cómo salió de la escuela Antonio? (*in a hurry*)

_____

2. ¿Vas al teatro? (*often*)

_____

3. ¿Llegó a tiempo el tren? (*with delay*)

_____

4. ¿Quieren Uds. comer el dulce ahora? (*with pleasure*)

_____

5. ¿Por qué no hablaste con el consejero? (*suddenly*)

_____

6. ¿Cuándo se van de vacaciones los Montoya? (*already*)

_____

VI. Expresa las siguientes frases en español.

1. The more he studies, the better he does on his exams.

_____

_____

2. The more they yell, the less we'll talk.

_____

_____

Paso 11
"Por" / "Para"

EXAMEN
I I I I I I I I

I. Completa el párrafo siguiente con **por** o **para** según el contexto.

A. Habíamos salido _____ el campo bastante temprano. _____ las carreteras había un sinnúmero de coches que no sabíamos _____ dónde iban. Le habíamos dicho a Jorge que llegaríamos _____ las cinco. Después de conducir _____ más de tres horas, tuvimos que parar en una gasolinera _____ echarles aire a las llantas. El señor que nos atendió estaba _____ darnos el cambio cuando se dio cuenta de que las llantas parecían estar ponchadas. Trató de arreglarlas _____ más de una hora y al final tuvimos que cambiar el coche _____ otro mejor. _____ una compañía que alquila coches tan caros no parecen mantenerlos en muy buenas condiciones.

B. María Elena estaba _____ regresar a casa. Estaba segura que sus padres la castigarían _____ llegar tarde. Nuestro coche fue recogido _____ nuestra compañía de seguro. Mañana tengo que llamar _____ ver si saben cuándo estará listo pues salgo _____ Cancún en dos días.

I I I I I I I I I I I I I I I I I I I

II. Traduce las palabras entre paréntesis.

1. Yo habré terminado _____ (*by*) las dos.

2. _____ (*For*) una persona tan organizada pierdes demasiado tiempo.

3. La señora enferma me preguntó si yo podría hablar _____ (*instead of*) ella.

4. Pasé por su casa _____ (*in order to*) recoger el informe.

5. Ellos siempre estaban _____ (*in favor of*) darles la oportunidad de votar a todos los ciudadanos.

6. Salió corriendo _____ (*for*) la calle porque no podía aguantar el calor.

7. ¿Por qué no damos un paseo _____ (*along*) el lago?

8. Tendremos que terminar todo _____ (*for*) la semana entrante.

9. Como no tuve tiempo, el documento fue traducido _____ (*by*) Miguel.

10. _____ (*Because*) haber llegado tarde, no conseguimos entradas.

The Answer Key
for The Test Masters

To the Teacher:

Please note that in some instances more than one answer is possible.
When appropriate, alternative answers have been provided in parentheses.

Unidad 1

La narración y la descripción en el pasado

| | | | | | | | |

p. 2. Part I

A. salí, Escuché, supe, Bajé abrí, estaba, Fue, estaba, quise, Salí, llegué, estaba, empecé

B. conocimos, dijo, había nacido, había venido, ha logrado, llegó, sabía

C. Eran, había, regresaban, habían ido, gustaba, animó, eran, era, creaban, llegaron, se encontraron, cruzaba, se miraron, Sabían, habían visto, se dieron, era, había hecho

D. viniste, Tuve, se rompió, conduje, buscó, dijimos, pasaba, mintió, dijo, habías tenido, se tranquilizó, íbamos, nos quedamos, anduvimos, pasó, llevó, quedaba, habíamos tenido, ha sido, fue, cabíamos, nos subimos, encontramos, paró, pidió, Nos dimos, venía, huyó, tuvimos, supimos, buscaba, se dedicaba, se sintió, pasamos

| | | | | | | | | | | | | | | | | |

p. 3. Part II

Answers will vary.

1. ...había conocido a todos los invitados.

2. ...habían comprado toda la comida.

3. ...habíamos preparado todo.

| | | | | | | | | | | | | | | | |

p. 4. Part III

Answers will vary.

1. ...hemos empezado a estudiar más todos los días.

2. ...han participado más en la clase.

3. ...he hecho mis tareas sin falta.

| | | | | | | | | | | | | | | | | |

p. 4. Part IV

Answers will vary.

A. La película tenía lugar en el sur de los Estados Unidos. Había una pareja casada que tenía problemas en su matrimonio. Ellos tenían una hija de unos ocho años. etc.

B. Ella se fue con su hija a la casa de sus padres, quienes tenían un establo donde criaban caballos para competencias. El marido trató varias veces de hablar con ella, pero ella no quiso. La hija de esta pareja ganó una competencia de caballos. etc.

C. La pareja se reconcilió. El establo de los padres ganó una competencia importante.

D. La película me gustó porque mostró los problemas de la pareja convincentemente. etc.

Unidad 2

La descripción de nuestros alrededores: diferencias y semejanzas

¡ ¡ ¡ ¡ ¡ ¡ ¡ ¡

p. 6. Part I

1. Úbeda es una gran ciudad.
2. Susana es una mujer única.
3. Alberto es un viejo amigo.
4. El flan es un rico dulce.
5. Son hechos ciertos.
6. Yo creo que es la misma actriz.

¡ ¡ ¡ ¡ ¡ ¡ ¡ ¡ ¡ ¡ ¡ ¡ ¡ ¡ ¡ ¡ ¡

p. 6. Part II

Answers will vary.

1. La escuela privada es más cara que la escuela pública.
2. La televisión es menos interesante que el cine.
3. Una casa en el campo es más tranquila que un apartamento en la ciudad.
4. Para mí las ciencias son más divertidas que los deportes.
5. La música clásica es tan buena como la música rock.

¡ ¡ ¡ ¡ ¡ ¡ ¡ ¡ ¡ ¡ ¡ ¡ ¡ ¡ ¡ ¡ ¡ ¡

p. 7. Part III

Answers will vary.

el costo: El viaje a Benicarló es el más caro de todos.

días que duran: El viaje a Benidorm dura más días que los otros viajes.

número de ciudades que se visitan: En el viaje a Valencia y Peñíscola se visitan más ciudades que en los otros viajes.

¿Qué tiene en común el viaje a Valencia y Peñíscola con el de Benicarló?

El viaje a Benicarló dura tantos días como el viaje a Valencia y Peñíscola.

p. 8. Part IV

Answers will vary.

Me gustaría vivir en la ciudad de Miami. Me gusta mucho esa ciudad porque está junto al mar y allí hace más calor que donde vivo. También me gusta porque la gente es más simpática que aquí, y allí hay gente de muchos países que habla español. Así podría practicar el español, ir a la playa y practicar deportes acuáticos. etc.

p. 8. Part V

Answers will vary.

Voy a dirigir una película de aventuras. La película tendrá lugar en el desierto. etc.

p. 9. Part VI

Answers will vary.

Tengo un anillo que me regalaron mis padres cuando cumplí quince años. Éste fue un momento especial para mí porque mis padres por fin se dieron cuenta de que no era ya una niña. etc.

p. 9. Part VII

Answers will vary.

Unidad 3

La narración y la descripción en el presente

| | | | | | | |

p. 10. Part I

Answers will vary.

¡Hola! Me llamo Lorraine y tengo 17 años. Soy alta y delgada y tengo el pelo y los ojos oscuros. Soy cariñosa y simpática y me gustan mucho los deportes. etc.

p. 11. Part II

Answers will vary.

1. ...me visto bien y me arreglo el pelo.
2. ...me llaman por teléfono y me hacen sentir mejor.
3. ...les hablo y trato de ayudarlos.
4. ...te quedas en la casa y lees un buen libro.
5. ...va a las tiendas y se arregla las uñas.

p. 11. Part III

Answers will vary.

Querido Joe:

Estoy pasándolo muy bien en Puerto Rico. Ayer me pasé el día en la playa, y hoy voy a visitar el Viejo San Juan y otros lugares en la capital. ¡Te extraño mucho!

Un abrazo,

María

p. 12. Part IV

Answers will vary.

Hace tres noches que tengo el mismo sueño. Estoy en un lugar donde hay muchas personas, pero no conozco a nadie. Hay mucho ruido, olor a comida y mucho calor. Todo el mundo tiene ropa blanca; yo soy el único que está vestido de rojo. De repente,... etc.

Unidad 4
Cómo expresar deseos y obligaciones

p. 13.
Part I

Answers will vary.

Cuando llegues al pasillo principal, sigue derecho hasta que veas la cafetería. Dobla a la derecha y continúa hasta el fondo del pasillo... etc.

p. 13.
Part II

Answers will vary.

1. Llama a la policía.
2. Pídele dinero prestado a un amigo.
3. Ve al dentista.
4. Habla con el consejero.
5. Llámala por teléfono.

p. 14.
Part III

Answers will vary.

1. Traiga su traje de baño porque tenemos una piscina en la casa.
2. No coma mucho antes de venir, porque a mi mamá le encanta cocinar.
3. etc.

p. 14.
Part IV

Answers will vary.

Un buen estudiante tiene que hacer sus tareas siempre. Debe estudiar un poco todos los días. Es necesario que participe en clase. etc.

p. 14. Part V

Answers will vary.

1. Te aconsejo que las empieces más temprano.

2. Te ruego que no se lo digas.

3. Mi prima me recomienda que busque otros amigos.

4. Deja que ladre.

5. Ella me pide que trate de ir un rato a su casa.

6. Sus padres insisten en que hagan sus tareas antes de hablar.

7. El profesor exige que los terminemos para mañana.

8. El doctor le sugiere que deje de comer tanto.

IIIIIIIIIIIIIIIIII

p. 15. Part VI

A. pase, te encuentres, nos encontramos, va, esperas,
tendremos (vamos a tener), lleguemos, digas,
podremos (vamos a poder), estés, me pierda

B. averigües, empiece, hay, me comunique, se ocupa,
preguntes, trae (va a traer), habrá (hay), vayan,
se queden, disfrutarán (van a disfrutar), se pasen,
podemos (vamos a poder), hacer

Unidad 5

La narración y la descripción en el futuro
Cómo expresar emociones, dudas y negación

||||||||

p. 17. Part I

1. ¿No sabrá que es peligroso?
2. Tendrá dolor de muelas.
3. ¿Podrá pagarnos lo que nos debe ahora?
4. Ese cuadro valdrá mucho.
5. Se habrá ido a su casa.

||||||||||||||||

p. 17. Part II

Answers will vary.

Yo pienso estudiar ingeniería en la universidad.

Nosotros esperamos poder ir a Disney World este verano.

Ellos tienen ganas de comprarse un carro.

|||||||||||||||||

p. 18. Part III

Answers will vary.

1. Trae un traje de baño en caso de que quieras ir a la piscina.
2. No salgas de la clase luego que llegue el maestro.
3. Todo te irá bien con tal de que sigas las reglas.
4. Haremos nuestra tarea temprano de modo que podamos salir después.

||||||||||||||||||

p. 18. Part IV

Answers will vary.

1. Me sorprende que Fernando no venga por tantos días.
2. Dudamos que Eduardo sepa usarla.
3. Es justo que vayas a verlas.
4. Es indispensable que los ayudemos mientras estén aquí.
5. Estoy seguro que el entrenador sabe lo que hace.

p. 19. Part V

Answers will vary.

1. ...entró en la salón.

2. ...terminen su tarea.

3. ...pueda prestar una aspiradora.

4. ...debe hacer esa actividad sin problema.

¦ ¦ ¦ ¦ ¦ ¦ ¦ ¦ ¦ ¦ ¦ ¦ ¦ ¦ ¦ ¦ ¦ ¦ ¦

p. 19. Part VI

A. dejamos, regrese, pueda, se entere, dejamos, entre, haya, es, puede, necesite, trae, haya, tener, nos sintamos

B. limpies, ensucia, limpio, venga, estén, necesite, sean, estoy

C. puedan, tenían (tienen), proteste, aparezcan, sea, pida (haya pedido), sea, siga

D. recete, causen, te sientas, disfrutes, te sientas, va, decidas, pruebes, desees, nos encontremos, digan, se queje

Unidad 6
La narración y la descripción más detallada en el pasado

|||||||

p. 21. Part I

Answers will vary.

1. **Si nosotros** tuviéramos que cuidar cinco perros, compraríamos mucha comida.
2. **Si yo** tuviera que cortar la hierba, lo haría en mi traje de baño.
3. **Si mi mejor amigo** se quedara conmigo, yo dormiría en el salón.
4. **Si tú** tuvieras que alquilar un coche rosado, te disfrazarías.
5. **Si a mi profesor(a)** se le cayera un vaso de jugo en su traje, lo limpiaría y seguiría enseñando.
6. **Si a mis padres** se les quedara el regalo en el avión, comprarían otro al llegar.

|||||||||||||||

p. 22. Part II

Answers will vary.

1. ...mis padres no tuvieran que hacerlo.
2. ...salieron las maletas.
3. ...íbamos (fuimos) a dar una vuelta por el hotel.
4. ...llegamos al hotel.
5. ...hubiéramos vivido allí siempre.

|||||||||||||||

p. 22. Part III

Answers will vary.

1. Parece mentira que los jóvenes no tomen en serio los problemas del mundo.
2. Es ridículo pensar que la mayoría de los ancianos odien a los jóvenes.
3. Estoy seguro que hoy día no hay respeto en la sociedad.
4. No hay duda que la vida de la gente está llena de conflictos.
5. Puede ser que sea difícil encontrar a personas que sean verdaderamente felices.

IIIIIIIIIIIIIIIIIII

p. 23. Part IV

Answers will vary.

A. 1. ...leyera un libro.

2. ...se iban al trabajo.

3. ...nos dijera lo que debíamos hacer.

4. ...jugábamos juntos.

5. ...se preocupaban mucho.

B. 1. ...vayan a la universidad.

2. ...no fueran responsables.

3. ...leerías más.

4. ...les mostremos que somos responsables.

5. ...tuvieran unos días libres.

IIIIIIIIIIIIIIIIIII

p. 24. Part V

A. pudiera, trajera, siguiera, hubiera, previniera, supiera, sería, se sintieran

B. había sucedido, se diera (se hubiera dado), hubiera decidido, comenzó, disfrutaban (habían disfrutado), disfrutara, había sucedido, hubiera tenido, habría sacado, caían (habían caído)

Etapa 1
La narración y la descripción en el pasado

¡ ¡ ¡ ¡ ¡ ¡ ¡

p. 25. Part I

A. llegué, me di, puse, había regalado, murió, empecé, había dejado,
busqué, decidí, apagué, me acosté, recordé, había quitado, tomé

B. huyeron, vinieron, se quedaron, pudieron, permanecieron, produjo, contribuyeron

C. fuimos, anduvimos, empezó, nos pusimos, comenzamos, hizo, cupimos, tuvimos

D. mintió, dijo, había roto, supe, había estado, vi, hizo, fue, sonrió, se fue, quise, decidí, pidió

¡ ¡ ¡ ¡ ¡ ¡ ¡ ¡ ¡ ¡ ¡ ¡ ¡ ¡ ¡

p. 26. Part II

Answers will vary.

1. Ella asistía a todas las reuniones del club.

2. Yo iba a visitar a mis amigas los domingos.

3. Nosotros éramos los mejores jugadores de la ciudad.

4. Usted perdía sus cuadernos regularmente.

5. Tú le dabas los apuntes a los estudiantes que no venían a clase.

¡ ¡ ¡ ¡ ¡ ¡ ¡ ¡ ¡ ¡ ¡ ¡ ¡ ¡ ¡ ¡

p. 26. Part III

1. he tenido

2. han cubierto

3. hemos visto

4. se ha repetido

5. ha cumplido

¡ ¡ ¡ ¡ ¡ ¡ ¡ ¡ ¡ ¡ ¡ ¡ ¡ ¡ ¡ ¡

p. 27. Part IV

1. había descrito

2. se había reído

3. habían sido

4. habíamos oído

5. había podido

Etapa 2
La descripción de nuestros alrededores:
diferencias y semejanzas

¡ ¡ ¡ ¡ ¡ ¡ ¡

p. 28. Part I

Answers will vary.

un oso es… grande, feroz, fuerte

los cuadros de Picasso son… abstractos, modernos, caros, interesantes, extraños

las actividades sociales de tu escuela son… divertidas, buenas, novedosas, maravillosas

una bomba atómica es… terrible, infernal, dañina

¡ ¡ ¡ ¡ ¡ ¡ ¡ ¡ ¡ ¡ ¡ ¡ ¡ ¡

p. 28. Part II

Answers will vary.

1. Lo difícil fue que nadie entendió lo que explicaron.

2. Lo malo fue que llovió todo el día.

3. Lo horrible fue que se quemaron tres edificios.

¡ ¡ ¡ ¡ ¡ ¡ ¡ ¡ ¡ ¡ ¡ ¡ ¡ ¡

p. 29. Part III

Answers will vary.

1. Los elefantes son menos inteligentes que los monos.

2. Los delfines son más pequeños que las ballenas.

3. El teatro es mejor que el cine.

4. Esquiar es tan difícil como jugar baloncesto.

5. Ir al doctor es tan malo como ir al dentista.

¡ ¡ ¡ ¡ ¡ ¡ ¡ ¡ ¡ ¡ ¡ ¡ ¡ ¡ ¡ ¡

p. 29. Part IV

Answers will vary.

Éste, Esa, esas, aquellas, aquel, aquellos,
aquello, Aquéllas, eso, ésta, este

|||||||||||||||||||

p. 30. Part V

Answers will vary.

1. ¡Ese muchacho debe ser el más inteligente del mundo!
2. ¡Ése debe de ser uno de los cuadros más caros!
3. ¡Esa señora es la más generosa del país!
4. ¡Ese juego es el más complicado que he visto!

|||||||||||||||||||

p. 30. Part VI

Answers will vary.

1. Un cuarto en el Hotel Prado cuesta tanto como uno en el Hotel Quintero.
2. Yo miré tantas películas como Felicia.
3. Fernando estudia más que Susana.
4. Los Sánchez tienen menos coches que los Torres.
5. Trabajaron menos horas de las que debían trabajar.

|||||||||||||||||||

p. 31. Part VII

Answers will vary.

1. nuestras, su
2. nuestros, sus
3. nuestro, su
4. mi, el mío, el suyo
5. su, los suyos
6. tu, el mío, el suyo
7. mis, sus, nuestras

Etapa 3
La narración y la descripción en el presente

⌶⌶⌶⌶⌶⌶⌶⌶

p. 32.   Part I

A. está, Es, tiene, está, es, tiene

B. es, es, tenemos, tienen, tenemos, Estás

C. están, están, tienen

⌶⌶⌶⌶⌶⌶⌶⌶⌶⌶⌶⌶⌶⌶⌶

p. 33.   Part II

Answers will vary.

1. Él continúa huyendo de la policía.

2. Todos están riéndose.

3. Ellos siguen durmiendo.

4. Él está peinándose.

5. Yo estoy concentrándome.

⌶⌶⌶⌶⌶⌶⌶⌶⌶⌶⌶⌶⌶⌶⌶

p. 33.   Part III

1. Se le cayó el lápiz.

2. Se le perdió el libro.

3. Se le olvidó la cartera.

⌶⌶⌶⌶⌶⌶⌶⌶⌶⌶⌶⌶⌶⌶⌶

p. 33.   Part IV

A. quepo, pones, va, Es, traigo, necesito,
Tienes, viajar, sé, conduzco, descansar

B. comienza, Piensas, podemos, hay, estamos,
haces, me despierto, me desayuno,
almuerzo, bebo, es, tienes, sé, digo,
hago, debo, practicar, dices

C. Vienes, resuelvo, voy, llueve, me demoro,
comenzamos, cuesta, sé, pides,
volvieron, Me visto, cierras

Etapa 4
Cómo expresar deseos y obligaciones

I I I I I I I I

p. 35. Part I

1. cambies
2. Sal
3. corras
4. hagas
5. vayas
6. Duerme

I I I I I I I I I I I I I I I I

p. 35. Part II

1. Saque
2. olvide
3. Piense
4. sea
5. Venga
6. Siéntense
7. Conduzca
8. muevan

I I I I I I I I I I I I I I I I I

p. 36. Part III

A. haya, se enteren, vas, esperar, tengamos, pueda

B. llegues, es, ande, vamos, hablamos, deje, se enojen, permitan, sabes, convenga

C. envíe, sean, poder, visites, quieras, acompañes, puedes, podamos, escojamos

I I I I I I I I I I I I I I I I I I

p. 37. Part IV

Answers will vary.

1. Le aconsejo que regrese a su casa.

   Le aconsejo que salga más temprano.

2. Les conviene buscar información en las páginas amarillas.

   Les conviene mirar los clasificados en el periódico.

3. Le recomiendo que se compre una Macintosh.

   Le recomiendo que lea sobre el tema.

4. Te sugiero que participes en el programa especial.

   Te sugiero que vayas a Perú el próximo verano.

5. Es importante que tratemos de recaudar fondos.

   Es importante que todos participemos.

Etapa 5
La narración y la descripción en el futuro
Cómo expresar emociones, dudas y negación

|||||||||

p. 38. Part I

se celebrará, será, expondrá, podrá, traerá,
habrá, tendrá, vendrán, querrán, valdrán

||||||||||||||||||

p. 38. Part II

Answers will vary.

1. Los actores estarán ocupados.
2. Habrán hecho algo muy malo.
3. Estarás preocupado por algo.

||||||||||||||||||||

p. 39. Part III

Answers will vary.

1. ...me sienta mejor.
2. ...quiera limpiarles la casa.
3. ...estés cansado de estar sentado.
4. ...me lo pidas.
5. ...deje de llover.
6. ...podremos salir a tiempo.
7. ...haga frío.
8. ...llegó el último tren, pero no vino.
9. ...podamos leerlos esta semana.
10. ...se dio cuenta de que era yo.

||||||||||||||||||||

p. 40. Part IV

A. está, llueva, sepa, considere, me esfuerce, hable, quiera,
atiende, haga, me quede, encontremos, vayamos, conozco

B. lleguen, sean, tuvimos, estaba, llegaron, suceda, hayamos, regresaron,
vea, haya, considero, se siente, decidí, se olviden, salvar

Etapa 6
La narración y la descripción más detallada en el pasado

I I I I I I I

p. 41. Part I

1. Yo diría la verdad.

2. Valdría demasiado.

3. No cabrían en el coche.

4. No sabrían la dirección.

5. Ella se despertaría tarde.

6. Nevaría mucho.

I I I I I I I I I I I I I I I

p. 41. Part II

Answers will vary.

1. Si yo supiera bailar, bailaría con Gisela.

2. Si no gastáramos tanto, tendríamos mucho dinero.

3. Si no anduvieras tan distraído, no perderías el pasaporte.

4. Si trajera (hubiera traído) la cámara, podría (habría podido) sacar fotos.

5. Si encontráramos (hubiéramos encontrado) el restaurante, podríamos (habríamos podido) comer paella.

I I I I I I I I I I I I I I I I

p. 42. Part III

1. fuéramos, cupiéramos

2. tuviéramos

3. hubiera

4. permitiera

5. dijeran

6. anduvieran

7. hubiéramos estado

|||||||||||||||||||

p. 43.   Part IV

Some answers will vary.

1. saludaré
2. viniera
3. hubiera
4. incluyeran
5. volverían
6. hubieras ganado
7. mintieran
8. tuviera

|||||||||||||||||||

p. 44.   Part V

1. (b) acompañaría.
2. (a) aconsejes
3. (b) saludáramos
4. (c) visitemos
5. (a) pudiéramos
6. (a) pondré
7. (c) íbamos
8. (c) tenga
9. (b) devuelvan
10. (a) ven
11. (b) viniera
12. (a) trajera
13. (c) ayudaras.
14. (b) consideró
15. (b) quieras.
16. (b) pidan.
17. (b) causara
18. (c) pusiera
19. (c) nevara
20. (a) digamos

Paso 1

Nouns and articles

¦ ¦ ¦ ¦ ¦ ¦ ¦ ¦

p. 47. Part I

1. las
2. las
3. el
4. la
5. el (los)
6. el

7. las
8. el
9. la
10. el
11. el

¦ ¦ ¦ ¦ ¦ ¦ ¦ ¦ ¦ ¦ ¦ ¦ ¦ ¦ ¦ ¦

p. 47. Part II

1. los lunes
2. las partes
3. los abrelatas
4. las voces
5. las leyes

6. las raíces
7. las manos
8. los refranes
9. los sistemas
10. las tesis

¦ ¦ ¦ ¦ ¦ ¦ ¦ ¦ ¦ ¦ ¦ ¦ ¦ ¦ ¦ ¦

p. 47. Part III

1. una cantante
2. una actriz
3. una reina
4. una serpiente
5. una poetisa

¦ ¦ ¦ ¦ ¦ ¦ ¦ ¦ ¦ ¦ ¦ ¦ ¦ ¦ ¦ ¦

p. 48. Part IV

A. la cura, el capital
B. el editorial, las papas, la orden
C. el guía, los cometas

¦ ¦ ¦ ¦ ¦ ¦ ¦ ¦ ¦ ¦ ¦ ¦ ¦ ¦ ¦ ¦

p. 48. Part V

A. Los, la, X, la, unos, al, unos, el, El,
X, unos, al, un, un, una, las, la, los
B. del, una, el, una, los, un

Paso 2

Subject pronouns

I I I I I I I I

p. 49. Part I

1. Él

2. ellos

3. nosotros(as)

4. Ustedes [Vosotros(as)]

5. Ellas

I I I I I I I I I I I I I I I I I

p. 49. Part II

1. Yo estoy debajo de la mesa. (Soy yo.)

2. Nosotros vamos a ayudar.

3. Él va a hacer las maletas.

4. Ellas prepararon la cena.

5. Tú eres el ganador.

I I I I I I I I I I I I I I I I I

p. 50. Part III

Answers will vary.

1. ¿Qué le pasa a usted?

2. ¿Adónde vas tú?

3. ¿Por qué llegan tan tarde ellos?

4. ¿Sobre qué tema saben ustedes algo?

5. ¿Por qué está tan contenta ella?

Paso 3
Prepositional pronouns

| | | | | | | |

p. 51. Part I

1. Es para ellas.
2. Se sentaron alrededor de nosotros.
3. Se sienta delante de ti.
4. No, se lo di a él.
5. Sí, quiero ir contigo.

| | | | | | | | | | | | | | | | |

p. 51. Part II

1. él
2. ellos
3. ustedes
4. ellos
5. mí
6. ti
7. mí
8. usted
9. ella
10. nosotros

Paso 4

Object pronouns

p. 53.   Part I

Answers will vary.

1. Préstaselo.
2. Sí, dáselos.
3. Pónganselos en el cuarto.
4. Sí, quítatelas.
5. Sí, pónmela.
6. Despiértate temprano.

p. 53.   Part II

1. No no se lo permitas.
2. No, no los busques.
3. No, no nos traigas nada.
4. No, no me las devuelvas.
5. No, no te las tomes.

p. 54.   Part III

lo; le; nos, los; les; le;
te; Se, lo; me, lo; le

p. 54.   Part IV

1. ...nos las trajeron al hotel
2. ...ella continuó leyéndoselo
3. ...explícamelos
4. ...se la he prestado

Paso 5
Relative pronouns

IIIIIIII

p. 55. Part I

Answers will vary.

1. Sergio está leyendo el periódico que es de ayer.

2. Encontré a muchos chicos que se entrenaban para los Juegos Panamericanos.

3. Ésa es la tienda que el dueño quiere cerrar.

4. Les daré una camiseta a los que terminen primero.

5. Estás haciendo mucho ruido, lo cual me molesta.

6. Allí está el autor cuya obra conozco muy bien.

7. Me contaste un chisme malicioso que es mentira.

8. Me regalaron una bicicleta en la cual puedo ir a la escuela.

9. Te voy a dar una explicación durante la cual debes tomar apuntes.

10. Habíamos sembrado muchas plantas que fueron destruidas por la tormenta.

11. Hay mucha gente en la sala de baile que no quiere bailar.

12. Han salido varios coches al mercado que gastan mucha gasolina.

IIIIIIIIIIIIIIIIII

p. 56. Part II

1. Los que crucen la calle serán castigados.

2. La que devuelva el libro a tiempo no pagará la multa.

3. Los que me traigan, los guardaré hasta el día de mi cumpleaños.

IIIIIIIIIIIIIIIIII

p. 56. Part III

1. (b) cuando

2. (a) donde

3. (c) Lo que

4. (a) que

5. (c) los cuales

6. (c) la cual

7. (c) que

8. (a) lo que

9. (b) la que

10. (a) quienes

11. (b) cuando

12. (a) la cual

13. (b) donde

14. (a) la cual

15. (c) cuyos

16. (a) la que

17. (a) quienes

18. (c) lo cual

19. (c) cuyo

20. (b) lo cual

Paso 6
Interrogatives and exclamations

‖‖‖‖‖

p. 58.   Part I
1. Cuáles...
2. Con quién...
3. Cuánto...
4. Quién...
5. Adónde...
6. Cuántas...
7. Qué...
8. Cómo...

‖‖‖‖‖‖‖‖‖‖‖‖‖

p. 58.   Part II
Answers will vary.
1. Me interesa saber qué es eso.
2. Quiero saber cuándo sale el tren.
3. Dime por qué estás llorando.

‖‖‖‖‖‖‖‖‖‖‖‖‖

p. 59.   Part III
Answers will vary.
1. ¡Cuánto dinero!
2. ¡Qué gordo estás!
3. ¡Qué bien juega!

‖‖‖‖‖‖‖‖‖‖‖‖‖

p. 59.   Part IV
Answers will vary.
1. ¿De quién es?
2. ¿Dónde vive?
3. ¿A quiénes (les) escribes?
4. ¿Quiénes son?
5. ¿Por qué no has podido leerla?

Paso 7
Numbers

||||||||

p. 60.   Part I

sesenta y ocho, sesenta y cuatro, treinta y dos, veinticuatro, cuarenta y tres, veintiséis, cincuenta y nueve, sesenta y uno

||||||||||||||||||

p. 61.   Part II

ochenta y ocho mil cuatrocientas pesetas

noventa y siete mil setecientas pesetas

ciento once mil doscientas pesetas

ciento sesenta y tres mil ochocientas pesetas

doscientas cincuenta mil cien pesetas

||||||||||||||||||

p. 61.   Part III

1. veintiuno
2. cincuenta y una
3. quinientas
4. veinte
5. cien
6. un millón
7. cuarenta

||||||||||||||||||

p. 62.   Part IV

A. primera, primera, tercero
B. primer, décimos, tercer, primeros
C. quinto, primera, cuarta

Paso 8

Indefinite and negative words

IIIIIII

p. 63. Part I

1. No compré nada de lo que me pediste.

2. No puedes visitar ni el museo ni la galería de arte.

3. ¿Nunca gritas de esa manera?

4. Nadie me ha dicho nada sobre ese incidente.

5. No busco ningún libro que me ayude con el experimento.

IIIIIIIIIIIIIIIII

p. 63. Part II

Answers will vary.

1. No, nunca he visitado Tenochtitlán.

2. No, no entiendo nada de lo que dice el profesor.

3. No, nadie llegó a tiempo a clase.

4. No, nadie nunca dice nada interesante en la clase.

5. No, nadie tiene ningún problema con lo que dijo el presidente ayer.

IIIIIIIIIIIIIIIII

p. 64. Part III

1. sino

2. pero

3. sino que

4. sino

5. sino que

6. pero

7. pero

8. sino que

9. pero

10. sino

Paso 9
"Gustar" and verbs like "gustar"

p. 65. Part I

1. Te hacen falta tres informes de laboratorio.
2. Nos conviene caminar o correr todos los días.
3. Me parecen unos chicos fenomenales.
4. Ahora le toca a ella.
5. Les apetece la comida vasca.

p. 65. Part II

1. le faltan
2. les agrada
3. te duele
4. me sobran (me faltan)
5. me molesta (me fastidia)

p. 66. Part III

Answers will vary.

1. Sí, me agrada ir a la piscina.
2. Me parecen muy guapos.
3. A ella no le importa lo que sucedió.
4. Le toca a Rubén.
5. Sí, nos apetece comer arroz con pollo.

p. 66. Part IV

Answers will vary.

1. ...me encanta ir al cine.
2. ...le aburre corregir exámenes.
3. ...les agrada la gente respetuosa.
4. ...nos quedan dos libros por leer.
5. ...te sorprende que hayamos terminado la tarea.

Paso 10
Adverbs

|||||||

p. 67. Part I
1. desgraciadamente
2. silenciosamente
3. cariñosamente
4. pensativamente
5. normalmente

|||||||||||||||||

p. 67. Part II
1. Apenas llegó a tiempo.
2. Siempre hace lo que le pido de buena gana.
3. No podemos hacer la receta tan de prisa.

|||||||||||||||||

p. 68. Part III
Answers will vary.
1. cariñosa, apasionadamente
2. cuidadosa, nerviosamente
3. absolutamente
4. tranquila, cómodamente
5. constantemente

|||||||||||||||||||

p. 68. Part IV
1. **Le habló** sinceramente.
2. **Me visitaba** frecuentemente.
3. **Explicó los ejercicios** pacientemente.
4. **Discutíamos los temas** inteligentemente.

|||||||||||||||||||

p. 68   Part V

1. Salió de prisa.

2. Sí, voy a menudo.

3. No, llegó con retraso.

4. Sí, lo comeremos de buena gana.

5. Porque llegó de pronto y no supe qué decir.

6. Ya se fueron.

|||||||||||||||||||

p. 69.   Part VI

1. Cuanto más estudia, mejor sale en sus exámenes.

2. Cuanto más griten, menos hablaremos.

Paso 11
"Por" / "Para"

p. 70. Part I

A. para, Por, para, para, por,
para, por, por, por, Para

B. por, por, por, para, para

p. 70. Part II

1. para
2. Para
3. por
4. para
5. por
6. para
7. por
8. para
9. por
10. Por

The Scoring Guide for
The Test Masters

The Scoring Guide for the Test Masters
U N I D A D E S

Unidad 1

I. 72 items × 0.5 each 36

II. 3 items × 4 each 12

III. 3 items × 4 each 12

IV. 11 items × 3 each 33

extra credit 7

Total points **100**

Unidad 2

I. 6 items × 2 each 12

II. 5 items × 4 each 20

III. 4 items × 3 each 12

IV. total possible points 18

V. total possible points 18

VI. total possible points 10

VII. 5 items × 2 each 10

Total points **100**

Unidad 3

I. 6 items × 5 each 30

II. 5 items × 3 each 15

III. total possible points 20

IV. 5 items × 7 each 35

Total points **100**

Unidad 4

I. total possible points 12

II. 5 items × 2.1 each 10.5

III. 5 items × 2 each 10

IV. 3 items × 2 each 6

V. 8 items × 3 each 24

VI. 25 items × 1.5 each 37.5

Total points **100**

Unidad 5

I. 5 items × 1 each 5

II. 3 items × 2 each 6

III. 4 items × 2 each 8

IV. 5 items × 2 each 10

V. 4 items × 2 each 8

VI. 42 items × 1.5 each 63

Total points **100**

Unidad 6

I. 6 items × 3 each 18

II. 5 items × 3 each 15

III. 5 items × 2 each 10

IV. 10 items × 3 each 30

V. 18 items × 1.5 each 27

Total points **100**

E T A P A S
||||||||||||||||||

Etapa 1

I. 42 items × 1.75 each . . 73.5

II. 5 items × 1.5 each. 7.5

    extra credit 1.5

III. 5 items × 1.75 each. . . . 8.75

IV. 5 items × 1.75 each. . . . 8.75

Total points 100

Etapa 2

I. 4 items × 6 each. 24

II. 3 items × 1 each. 3

III. 5 items × 3 each. 15

IV. 11 items × 1 each. 11

V. 4 items × 2.5 each 10

VI. 5 items × 4 each. 20

VII. 17 items × 1 each. 17

Total points 100

Etapa 3

I. 15 items × 1.5 each. . . . 22.5

II. 5 items × 2 each. 10

III. 3 items × 2 each. 6

IV. 41 items × 1.5 each. . . . 61.5

Total points 100

Etapa 4

I. 6 items × 1.5 each 9

II. 8 items × 1.5 each 12

III. 25 items × 2 each. 50

IV. 5 items × 5 each. 25

    extra credit. 4

Total points 100

Etapa 5

I. 10 items × 1.5 each 15

II. 3 items × 3 each. 9

III. 10 items × 2 each. 20

IV. 28 items × 2 each. 56

Total points 100

Etapa 6

I. 6 items × 2 each. 12

II. 5 items × 4 each. 20

III. 8 items × 3 each. 24

IV. 8 items × 3 each. 24

V. 20 items × 1 each. 20

Total points 100

P A S O S

| | | | | | | | | | | | | | | | | |

Paso 1

   I. 11 items × 0.25 each .. 2.75

   II. 10 items × 0.25 each.... 2.5

   III. 5 items × 0.5 each..... 2.5

   IV. 7 items × 0.75 each.... 5.25

   V. 24 items × 0.5 each 12

Total points **25**

Paso 2

   I. 5 items × 1 each 5

   II. 5 items × 2 each. 10

   III. 5 items × 2 each. 10

Total points **25**

Paso 3

   I. 5 items × 2 each. 10

   II. 10 items × 1.5 each 15

Total points **25**

Paso 4

   I. 6 items × 1 each. 6

   II. 5 items × 1 each. 5

   III. 12 items × 0.5 each 6

   IV. 4 items × 2 each. 8

Total points **25**

Paso 5

   I. 12 items × 1 each. 12

   II. 3 items × 1 each. 3

   III. 20 items × 0.5 each 10

Total points **25**

Paso 6

   I. 8 items × 0.75 each 6

   II. 3 items × 2 each. 6

   III. 3 items × 1 each. 3

   IV. 5 items × 2 each. 10

Total points **25**

Paso 7

   I. 8 items × 0.5 each. 4

   II. 5 items × 1.5 each. 7.5

   III. 7 items × 0.5 each. 3.5

   IV. 10 items × 1 each. 10

Total points **25**

Paso 8

   I. 5 items × 1.5 each. 7.5

   II. 5 items × 1.5 each. 7.5

   III. 10 items × 1 each 10

Total points **25**

Paso 9

I. 5 items × 1 each. 5

II. 5 items × 1 each. 5

III. 5 items × 1.5 each. 7.5

IV. 5 items × 1.5 each. 7.5

Total points **25**

Paso 10

I. 5 items × 0.5 each. 2.5

II. 3 items × 0.5 each. 1.5

III. 8 items × 0.5 each. 4

IV. 4 items × 1 each. 4

V. 6 items × 1.5 each 9

VI. 2 items × 2 each. 4

Total points **25**

Paso 11

I. 15 items × 1 each. 15

II. 10 items × 1 each. 10

Total points **25**

The Answer Key for Selected Activities in **Etapas** and **Pasos** in ABRIENDO PASO: GRAMÁTICA

ı ı

To the Teacher:

Please note that in some instances more than one answer is possible.
When appropriate, alternative answers have been provided in parentheses.

Etapa 1

La narración y la descripción en el pasado

IIIIIII

p. 103 Ex. A. Cambios

escribí, escribisteis, escribieron, escribiste, escribimos, escribieron, escribió

cantó, cantaste, cantaron, cantamos, canté

corrieron, corrí, corrimos, corriste, corristeis, corrió

IIIIIIIIIIIIIIIII

p. 104 Ex. B. Hablando de otros

Answers will vary.

1. Ellos asistieron a una conferencia la semana pasada.
2. Nosotros repasamos las lecciones anoche.
3. Tú recibiste las notas anteayer.
4. Yo eché agua a las plantas anoche.
5. El profesor y Ud. reunieron los libros el semestre pasado.
6. Carola perdió su dinero ayer.

IIIIIIIIIIIIIIIII

p. 104 Ex. C. ¡Qué noche!

Answers will vary.

Anoche mi madre y yo cocinamos por tres horas. Mi hermano preparó el postre. Todos nosotros arreglamos la casa después de comer. Mi madre limpió la cocina, mi padre barrió el suelo, y mi hermano y yo limpiamos el comedor y lavamos los platos... etc.

IIIIIIIIIIIIIIIII

p. 104 Ex. A. Cambios

1. fueron, fuiste, fui, fueron, fueron
2. fuimos, fuiste, fuimos, fueron, fui
3. di, dieron, dio, dio, diste

IIIIIIIIIIIIIIIIIII

p. 105 Ex. B. Es mejor dar que recibir

Answers will vary.

1. Mi novio y yo dimos una fiesta anoche.

2. Tu mejor amigo les dio dinero a los pobres el año pasado.

3. etc.

IIIIIIIIIIIIIIIIII

p. 105 Ex. C. Una encuesta

Answers will vary.

Mi amigo Enrique y su novia Catalina visitaron Madrid el fin de semana pasado. Visitaron el Prado, un museo de arte, y después comieron en un restaurante exclusivo en la calle de Génova, cerca de la Plaza Colón. Se dieron cuenta durante la comida que se olvidaron de sus planes de ir a un concierto de música clásica con unos amigos. etc.

IIIIIIIIIIIIIIIIIII

p. 106 Ex. A. Cambios

1. viniste, vino, vinieron

2. quise, quisimos, quisieron

3. pusieron, pusiste, puse

4. estuvo, estuvo, estuviste

5. traje, trajo, trajimos

6. cupimos, cupieron, cupiste

IIIIIIIIIIIIIIIIII

p. 106 Ex. B. Incidentes y sucesos

Answers will vary.

1. Ayer tuve que estudiar y por eso fui a la biblioteca muy temprano. Pasé tres horas estudiando, pero de repente decidí ir a buscar a unos amigos. Salí de la biblioteca y anduve por la universidad pero no encontré a nadie.

2. etc.

IIIIIIIIIIIIIIIIII

p. 107 Ex. C. Las costumbres de mis compañeros

Answers will vary.

p. 107 Ex. D. Raíces

1. contuve, detuve, entretuve, mantuve
2. deshice
3. propuse, pospuse, compuse
4. atraje, contraje, distraje
5. convine, intervine
6. bendije, maldije

¦ ¦ ¦ ¦ ¦ ¦ ¦ ¦ ¦ ¦ ¦ ¦ ¦ ¦ ¦ ¦

p. 108 Ex. A. Cambios

1. serví, sirvió, sirvieron, sirvió
2. pidió, pediste, pidió
3. durmió, dormiste, durmió
4. sintió, sintieron, sentimos, sintió

¦ ¦ ¦ ¦ ¦ ¦ ¦ ¦ ¦ ¦ ¦ ¦ ¦ ¦ ¦ ¦

p. 109 Ex. B. ¿Qué hiciste cuando llegaste a tu casa ayer?

Students may answer with single sentences or in paragraph form.

Answers will vary.

Ayer, cuando llegué a mi casa, primero le expliqué a mi madre por qué llegué tarde. Le dije que conduje al centro, donde encontré a unos amigos que me invitaron a cenar con ellos. Cenamos en un restaurante chino. etc.

¦ ¦ ¦ ¦ ¦ ¦ ¦ ¦ ¦ ¦ ¦ ¦ ¦ ¦ ¦ ¦

p. 109 Ex. C. Lo que hizo mi mejor amigo(a)

Answers will vary.

Ayer mi mejor amiga llegó a casa temprano. Ayudó mucho a su madre. Sacó la basura y empezó a cocinar la cena. Después practicó el piano. El teléfono sonó. etc.

¦ ¦ ¦ ¦ ¦ ¦ ¦ ¦ ¦ ¦ ¦ ¦ ¦ ¦ ¦ ¦ ¦

p. 109 Ex. D. Escenas

1. Dormiste, dormí, Estuve, llegué, almorcé, desconecté, me acosté, hice
2. Fuiste, tuve, vino, Terminaron, hicimos, pudimos, pusimos, anduve, eché
3. desempaqué, colgué, Estuve, traje, vino, madrugué, apagué, Puse

|||||||||||||||

p. 110 Ex. A. Cambios

1. era, era; éramos, éramos; eran, eran
2. dabas, dábamos, daba
3. ibas, iban, iba
4. jugaba, rompía; jugabas, rompías; jugaba, rompía; jugaban, rompían

|||||||||||||||

p. 111 Ex. B. Unos días con mis primos

era, trabajaban, tenían, regresaban, llegaba, iba,
jugábamos, mirábamos, íbamos, pasaba, estaba

|||||||||||||||

p. 111 Ex. C. Mis vacaciones

íbamos, podíamos, tenía, íbamos, había, Había, gritaban,
corrían, molestaban, buscaban, podíamos, estaban, traían

|||||||||||||||

p. 111 Ex. D. A ese lugar donde me llaman

Answers will vary.

empezó, Era, hizo, hacía, empezó, se pusó, marchó,
vino (venia), parecía, vino, Traía, Miró, se incorporó,
observó, empezó, empezó, salió, se levantó, se puso,
se compuso, se aplicó, regresó, vi, Hablaron,
vino (venia), bajó, se fue, Se volvió, estaba, Dijo

|||||||||||||||

p. 113 Ex. A. Los participios pasados

1. abierto	9. vuelto
2. escrito	10. descrito
3. puesto	11. dicho
4. visto	12. muerto
5. resuelto	13. roto
6. cubierto	14. impreso
7. hecho	15. frito
8. resuelto	

|||||||||||||||||

p. 113 Ex. B. Más participios pasados

1. descubierto
2. devuelto
3. deshecho
4. descrito
5. impuesto
6. compuesto

|||||||||||||||||

p. 113 Ex. C. Cambios

1. he comprado, he alquilado, he obtenido, he traído
2. ha llegado, han llegado, hemos llegado
3. has resuelto, has escrito, has roto, has oído
4. ha muerto, han muerto, ha muerto
5. he resuelto, he dicho, he frito, he hecho, he leído

|||||||||||||||||

p. 114 Ex. A. Excusas y más excusas

Answers will vary.

1. Porque no había llegado.
2. Porque ya le había dado dinero anoche.
3. Porque la había traído ayer.
4. Porque ya habíamos visto la película que vieron.
5. Porque ya lo había limpiado mi hermano.
6. Porque se había caído el fin de semana pasado.
7. Porque ya los había devuelto María.
8. Porque no habían abierto la puerta.

||||||||||||||||

p. 114 Ex. B. ¿Cuándo?

Answers will vary.

1. Yo había resuelto el problema hace dos días.
2. Ernesto había frito el pescado hacía media hora.
3. Mi padre había cubierto la comida a las seis.
4. Mis primos habían roto el televisor el verano pasado.
5. El secretario había organizado los papeles hacía mucho tiempo.
6. Tú habías asistido a la conferencia hacía dos meses.
7. Nosotros habíamos comido en ese restaurante el fin de semana pasado.
8. Uds. ya habían escrito una carta al congresista ayer.

||||||||||||||||

p. 115 Ex. C. Un encuentro feliz

iba, sintió, daba, se volvió, vió, había visto,
hacía, Se abrazaron, rieron, lloraron, habían pasado,
se despidieron, había sufrido, había llorado,
había buscado, había perdido, estaba, había cambiado,
se sentía, era, Quería, había comprendido, representaba

Etapa 2

(Unidad 2)

La descripción de nuestros alrededores: diferencias y semejanzas

I I I I I I I

p. 118 Ex. A. Cambios

1. una pintura francesa
2. los políticos extranjeros
3. la primera semana
4. las otras lecciones
5. los problemas fáciles
6. la mejor obra
7. algún día
8. la estudiante trabajadora
9. buenas tardes
10. un edificio alto de vidrio
11. las verduras frescas y sanas
12. un atleta popular y rico
13. niños alegres, animados y energéticos
14. ningunos invitados *(hardly used)*
15. los juguetes descompuestos
16. una muchacha charlatana
17. ejemplos útiles
18. una cortina larga
19. las murallas azules
20. varios jefes de estado
21. cien entradas
22. el cielo azul
23. una idea nueva y novedosa
24. las torres inglesas viejas
25. una casita bonita y grande
26. un sistema antiguo, malo e inútil

I I I I I I I I I I I I I I I I I I

p. 118 Ex. B. Un poco de propaganda

primer, gran, varias, muchas, todas,
Algunas, tontas, interesantes, útiles, plástico,
ningún, mismo, completo, inteligentes,
trabajadores, alemanes, algunos, nuevos,
distintos, pocos, primeros, diseñados, fabricados,
locales, enorme, vieja, pobre, mejor, práctico,
económico, mismo

| | | | | | | | | | | | | | | | | |

p. 119   Ex. C.   En otras palabras

1. un hombre rico
2. la rica comida
3. una mesa grande
4. La pobre mujer
5. El chico mismo

6. amigos viejos
7. una gran ciudad
8. el mismo hombre
9. un hecho cierto
10. una videocasetera nueva

| | | | | | | | | | | | | | | | | |

p. 120   Ex. A.   Aquí, allí, allá

1. estos, esas, aquel
2. estos, esa, aquellas
3. este, esos, aquellas
4. estas, esos, aquel
5. este, ese, aquella
6. esta, esa, aquellos
7. estos, ese, aquella
8. estas, esos, aquella

| | | | | | | | | | | | | | | | | |

p. 120   Ex. B.   En perspectiva

Answers will vary.

1. Para la entrevista me voy a poner esta falda, esa blusa y aquella chaqueta.
2. etc.

| | | | | | | | | | | | | | | | | |

p. 121   Ex. A.   Algunas fotos de un viaje

1. ésta, ésa, aquélla
2. éste, ése, aquél
3. éstas, ésas, aquéllas
4. éstas, ésas, aquéllas
5. éste, ése, aquél

6. ésta, ésa, aquélla
7. ésta, ésa, aquélla
8. éstos, ésos, aquéllos
9. éstos, ésos, aquéllos
10. éstas, ésas, aquéllas

‖‖‖‖‖‖‖‖‖‖‖‖‖‖

p. 122   Ex. B.   Aquí vemos algunas fotos de una ciudad

1. Éste
2. Ésta
3. Éstas
4. Ésta
5. Éstas
6. Éstos
7. Éste
8. Éste
9. Éstos
10. Éstos

‖‖‖‖‖‖‖‖‖‖‖‖‖‖

p. 122   Ex. C.   ¿Qué quieres hacer en la ciudad?

1. ése
2. ésa
3. ésa
4. ése
5. ésas
6. ésos
7. ése

‖‖‖‖‖‖‖‖‖‖‖‖‖‖

p. 122   Ex. D.   En camino al aeropuerto

1. aquélla
2. aquél
3. aquéllos
4. aquéllas
5. aquéllas
6. aquél
7. aquél

‖‖‖‖‖‖‖‖‖‖‖‖‖‖

p. 122   Ex. E.   Respuestas

1. Eso
2. Aquélla
3. Esto
4. Eso
5. Esto

‖‖‖‖‖‖‖‖‖‖‖‖‖‖‖‖‖‖

p. 124 Ex. A. Cambios

1. (yo) mi, mis, mis, mis, mis, mi, mi

2. (tú) tus, tu, tu, tus, tus, tu, tus

3. (él) su, sus, su, sus, su, su, sus

4. (ella) sus, su, su, sus, su, su, sus

5. (Ud.) su, su, su, su, su, sus

6. (nosotros) nuestro, nuestro, nuestros, nuestra, nuestro, nuestros, nuestras

7. (ellos) su, su, sus, su, sus, sus, sus

8. (ellas) sus, su, su, sus, su, su, sus

9. (Uds.) sus, su, su, sus, sus, su

‖‖‖‖‖‖‖‖‖‖‖‖‖‖‖‖‖‖

p. 124 Ex. B. Cambios

1. (yo) un curso mío, unos parientes míos

2. (tú) unos profesores tuyos, un trabajo tuyo

3. (él) un resumen suyo, unas aptitudes suyas

4. (ella) unas tarjetas suyas, un nieto suyo

5. (Ud.) un pasaporte suyo, una reservación suya

6. (nosotros) unos vecinos nuestros, unas flores nuestras

7. (ellos) una fábrica suya, unos deberes suyos

8. (ellas) una fiesta suya, unos vestidos suyos

9. (Uds.) unas entradas suyas, una hija suya

‖‖‖‖‖‖‖‖‖‖‖‖‖‖‖‖‖‖

p. 125 Ex. C. Con más claridad

1. (él) las compras de él, el primo de él, el cartel de él,
las fichas de él, el permiso de conducir de él

2. (ella) la revista de ella, las fotografías de ella,
la medicina de ella, el novio de ella, el maquillaje de ella

3. (Ud.) la llamada de Ud., los recorridos de Ud.,
el viaje de Ud., los cascos de Ud., la manera de Ud.

4. (ellos) las capacidades de ellos, el proyecto de ellos,
la idea de ellos, las recomendaciones de ellos, los valores de ellos

5. (ellas) la carta de ellas, los periódicos de ellas,
la empresa de ellas, la reunión de ellas, la vida de ellas

6. (Uds.) el discurso de Uds., los planes de Uds.,
el premio de Uds., las cajas de Uds., la visita de Uds.

‖‖‖‖‖‖‖‖‖‖‖‖‖‖‖‖‖

p. 126 Ex. A. Los parientes

1. los tuyos, los suyos, los nuestros
2. los míos, los suyos, los suyos
3. el suyo, el nuestro, el tuyo
4. los tuyos, los suyos, los suyos
5. los nuestros, los suyos, los suyos
6. la tuya, la suya, la suya
7. la suya, la tuya, la suya

‖‖‖‖‖‖‖‖‖‖‖‖‖‖‖‖‖

p. 126 Ex. B. En la playa

1. las suyas
2. la mía
3. el mío
4. la tuya
5. el mío
6. el suyo
7. los nuestros
8. el suyo

‖‖‖‖‖‖‖‖‖‖‖‖‖‖‖‖‖

p. 126 Ex. C. El trabajo

1. el trabajo de él, el trabajo de ellos
2. el sueldo de ella, el sueldo de él
3. la jefa de Uds. (vosotros), la jefa de ellos
4. la oficina de él, la tuya
5. las horas de ella, las horas de ellos
6. los directores de ellos, los directores de él
7. la tuya, la evaluación de ellos
8. las vacaciones de él, las vacaciones de ella
9. los beneficios de ellos, los beneficios de Uds. (vosotros)
10. el sindicato de ella, el sindicato de ellos

│││││││││││││││││

p. 128 Ex. A. En comparación

1. La próxima lección es tan difícil como esta lección.

La próxima lección es más difícil que esta lección.

2. Yo soy tan trabajador como mi hermano mayor.

Yo soy más trabajador que mi hermano mayor.

3. Esta marca es tan barata como esa marca.

Esta marca es más barata que esa marca.

4. Su horario es tan pesado como mi horario.

Su horario es menos pesado que mi horario.

5. Tú eres tan atlético como él.

Tú eres más atlético que él.

6. Nosotros somos tan diligentes como ellos.

Nosotros somos menos diligentes que ellos.

│││││││││││││││││

p. 128 Ex. B. Superlativos

1. Pablo es el más inteligente de la clase.

2. Este helado es el mejor del mundo.

3. Ésta es la atracción más emocionante del parque de diversiones.

4. Es el deporte más popular del país.

5. Estas entradas son las más caras del estadio.

6. Anita y Paula son las más amables del grupo.

│││││││││││││││││

p. 128 Ex. C. Comparaciones

1. Yo tengo tanto miedo como tú.

Yo tengo más miedo que tú.

2. Ella lee tantos libros como nosotros.

Ella lee más libros que nosotros.

3. Javier ve tantas películas como Uds.

Javier ve más películas que Uds.

4. Mi padre arregla tantos motores como el mecánico.

Mi padre arregla menos motores que el mecánico.

5. Los alumnos hacen tanto trabajo como los profesores.

Los alumnos hacen más trabajo que los profesores.

6. Hacemos tantos viajes como nuestros parientes.

Hacemos menos viajes que nuestros parientes.

Etapa 3

(Unidad 3)

La narración y la descripción en el presente

|||||||

p. 129 Ex. A. Cambios

1. eres, es, es, son

2. tenemos, tenemos, tengo

3. estoy, están, están

|||||||||||||||

p. 130 Ex. B. La satisfacción de pasar tiempo con los niños

están, son, tiene, tienen, tienen, son, tiene, tenemos,

tengo, Es, es, estar, estoy, estoy, Estás, eres

|||||||||||||||

p. 130 Ex. A. Cambios

1. viajo, viajamos, viajas, viaja

2. buscas, busca, buscan, buscamos

3. prometemos, prometen, prometes, prometen

4. vendes, vendemos, vende, vende

5. comparte, compartes, comparto, compartimos

6. recibimos, reciben, recibo, recibe

|||||||||||||||

p. 130 Ex. B. Lo que yo y mis amigos hacemos

Answers will vary.

|||||||||||||||

p. 130 Ex. C. Más información, por favor

Answers will vary.

|||||||||||||||||

p. 131 Ex. A. Cambios

Answers will vary.

1. Yo sé ir a casa de Pedro pero Uds. no saben.
2. Yo salgo con mis padres pero tú sales con tus amigos.
3. Yo hago la cama pero tú haces la cena.
4. Yo doy las gracias siempre pero Uds. no las dan.
5. Yo pongo la mesa en mi casa pero tu padre no la pone.
6. Yo quepo en el coche pero tu amigo no cabe.
7. Yo traigo el radio a la escuela pero tus profesores traen los libros solamente.

|||||||||||||||||

p. 132 Ex. A. Cambios

1. dices, oyes; dice, oye; decimos, oímos; digo, oigo
2. viene, está; venimos, estamos; vienen, están; vengo, estoy
3. tengo, voy; tienen, van; tienen, van; tienes, vas
4. eres, has pedido; somos, hemos pedido; son, han pedido; es, ha pedido

|||||||||||||||||

p. 132 Ex. B. Una entrevista

Answers will vary.

|||||||||||||||||

p. 133 Ex. A. Cambios

1. pensamos, piensan, piensas, piensa
2. recuerdo, vuelven; recordamos, vuelve; recuerdas, vuelvo
3. repite, la; repites, te; repetimos, nos decimos; repite, le

|||||||||||||||||

p. 133 Ex. B. Planes

Answers will vary.

p. 133   Ex. C.   Frases incompletas

1. Alberto empieza sus clases a las ocho de la mañana.
2. Carmen y Abelardo siempre les piden permiso a sus padres.
3. Yo encuentro mis zapatos debajo de la mesa.
4. En Chicago llueve todos los días.
5. Ellos repiten las frases varias veces.
6. Nosotros cerramos las ventanas cuando nieva.
7. Ese chico entiende cuando le hablan rápido.
8. Mi hermano y yo dormimos bien porque ellos no hacen ruido.

| | | | | | | | | | | | | | | | | | |

p. 134   Ex. A.   Cambios

1. protejo, protegemos, proteges, protege
2. se parecen, me parezco, nos parecemos, se parece
3. seguimos, llegamos; sigue, llega; siguen, llegan; sigo, llego
4. se levanta, te levantas, nos levantamos
5. te niegas, se niegan, se niega
6. nos ponemos, se pone, se ponen

| | | | | | | | | | | | | | | | | | |

p. 134   Ex. B.   Respuestas

Answers will vary.

1. Sí, se me cayó el lápiz en el suelo.
2. Sí, se le perdió en el autobús.
3. Sí, se me rompió cuando cayó al piso.
4. Sí, se le quedaron en la universidad.
5. Sí, se me paró el reloj a las siete de la mañana.
6. Sí, se nos cayeron los documentos en la calle.

| | | | | | | | | | | | | | | | | | |

p. 134   Ex. C.   Pequeños accidentes

Answers will vary.

1. Se les perdieron los pasaportes.
2. Se te olvidó la cámara.
3. Se le rompió la maleta.
4. Se nos quedó la bolsa de mamá en la casa de nuestra tía.
5. Se me cayeron.

p. 136 Ex. A. Cambios

1. dando
2. comenzando
3. apagando
4. viviendo
5. afeitándose
6. encendiendo
7. tropezando
8. prefiriendo
9. sirviendo
10. siendo
11. distinguiendo
12. sonriendo
13. viniendo
14. comiendo
15. llamando
16. siguiendo
17. viendo
18. escribiendo
19. pidiendo
20. tocando
21. aplaudiendo
22. abriendo
23. quejándose

|||||||||||||||||

p. 136 Ex. B. Más cambios

1. están volviendo
2. estás tomando
3. estoy haciendo
4. están teniendo
5. nos estamos vistiendo
   (estamos vistiéndonos)
6. está lloviendo
7. se está acostando (está acostándose)
8. estás sonriendo
9. están pensando
10. estamos mirando
11. estoy ayudando
12. estás impidiendo
13. estoy protegiendo
14. están leyendo
15. estamos corrigiendo
16. está empezando
17. estoy poniendo
18. me estoy bañando (estoy bañándome)
19. se están sentando (están sentándose)
20. estás jugando

|||||||||||||||||

p. 137 Ex. C. Decisiones

1. cantando
2. saber
3. Viajar
4. gritando
5. preparándonos
6. comportándose
7. enseñar
8. ir
9. aplaudiendo
10. durmiendo
11. Fumar
12. bajar
13. corriendo
14. Ver, creer
15. conduciendo

||||||||||||||||||

p. 137 Ex. D. ¿Qué sucedía...?

1. ...seguía tocando

2. ...estaba pescando

3. ...salía corriendo

4. ...iba conversando

5. ...venía gritando

6. ...continuaba leyendo

7. ...estaba nevando

8. ...llegaba quejándose

||||||||||||||||||

p. 137 Ex. E. La observación

Answers will vary.

||||||||||||||||||

p. 137 Ex. F. La gente única

Answers will vary.

||||||||||||||||||

p. 137 Ex. G. Me vuelve loco

Answers will vary.

Etapa 4

(Unidad 4)

Cómo expresar deseos y obligaciones

¡ ¡ ¡ ¡ ¡ ¡ ¡ ¡

p. 139 Ex. A. Cambios

1. Salga Ud. por esa puerta.
2. Busque un taxi.
3. Déle la dirección al taxista.
4. Pague la tarifa en el puente.
5. Páguele al taxista.
6. Pídale un recibo al taxista.
7. Dele una propina.

¡ ¡ ¡ ¡ ¡ ¡ ¡ ¡ ¡ ¡ ¡ ¡ ¡ ¡ ¡ ¡

p. 139 Ex. B. De niñero(a)

No hagan ruido.; No molesten.; Quédense en su cuarto.;
Jueguen con sus juegos electrónicos.; No abran la puerta.;
No usen el teléfono.; No sean impertinentes.;
No saquen la bicicleta afuera.; Lean un libro de cuentos.;
No se sienten en la puerta.; No jueguen con la televisión (el televisor).;
No pidan helado.; Acuéstense temprano.; Apaguen la luces.

¡ ¡ ¡ ¡ ¡ ¡ ¡ ¡ ¡ ¡ ¡ ¡ ¡ ¡ ¡ ¡ ¡

p. 139 Ex. C. Una receta

1. Hierva...
2. Pique...
3. Cocine...
4. Agregue...
5. Añada...
6. Saque..., ponga...
7. Cubra...
8. Cocine...

p. 140 Ex. D. En el avión

No fumen en los lavatorios.

Abróchense los cinturones.

No se levanten durante el aterrizaje.

Presten atención a las instrucciones de seguridad.

Aprieten el botón si necesitan ayuda.

Pongan el equipaje debajo del asiento.

p. 140 Ex. A. Sugerencias para perder peso

Answers will vary.

Ponte a dieta.; No comas entre comidas.; Come más vegetales.;

Haz ejercicios.; Ve a un gimnasio.; Ten cuidado con los postres.;

Camina a todas partes.; No eches mucho azúcar al café.; No compres chocolates.

p. 140 Ex. B. Según la estación

Answers will vary.

1. En el invierno hace frío; ponte un abrigo.
2. No te pongas un traje de baño.
3. etc.

p. 141 Ex. C. Cambios

Póntelo el sombrero.; Siéntate en la silla.; Cuéntale el cuento.;

Hazlos mandados.; Acuérdate del libro.; Báñate antes de acostarte.;

Péinate antes de salir.; Invítalos a la fiesta.; Sé paciente con tus hermanos.;

Ten cuidado al cruzar la calle.; Envíales una tarjeta.; Cómprame un disco.

p. 141 Ex. D. Complaciendo a los padres

Limpia el cuarto.; Llega a tu casa temprano.; Saca buenas notas.;

Ayuda con los quehaceres.; No pierdas tus libros.; Recuerda lo que les gusta.;

No mientas.; No te rías de otras personas.; Incluye a tus padres en tus decisiones.;

Contribuye con los trabajos.; Escoje bien a los amigos.; Recoje la ropa en tu cuarto.

IIIIIIIIIIIIIIIII

p. 141 Ex. E. Sugerencias.

Empieza…; Acuéstate…; No te pongas…; Haz…; Repasa…;

Llega…; Trae…; Lee…; Adivina…; No bebas…

IIIIIIIIIIIIIIIIII

p. 143 Ex. A. Una merienda

¡Llevemos esta cesta!, ¡Vamos a llevar esta cesta!;

¡Preparemos una ensalada de papas!, ¡Vamos a preparar una ensalada de papas!;

¡Compremos pollo frito!, ¡Vamos a comprar pollo frito!;

¡No olvidemos los cubiertos!, ¡No vamos a olvidar los cubiertos!;

¡Traigamos servilletas!, ¡Vamos a traer servilletas!;

¡Preparemos una limonada!, ¡Vamos a preparar una limonada!;

¡Hagamos bocadillos!, ¡Vamos a hacer bocadillos!

IIIIIIIIIIIIIIIII

p. 143 Ex. A. Cambios

1. hables, corras, comas
2. vendan, laven, regresen
3. limpie, abra, rompa
4. estudiemos, trabajemos, leamos

IIIIIIIIIIIIIIIIII

p. 144 Ex. B. Una excursión

1. Es necesario que nosotros llamemos la compañía de autobuses.
2. Es importante que tú prepares la carta a los padres.
3. Es imprescindible que nosotros reunamos todo el dinero antes del martes.
4. Conviene que nosotros llevemos suficiente dinero.
5. Más vale que Uds. repartan anuncios por toda la escuela.
6. Conviene que nosotros regresemos antes de que oscurezca.
7. Es mejor que tú confirmes todo con el director.
8. Importa que yo asista a la reunión del consejo estudiantil.

p. 144 Ex. C. Un(a) amigo(a) tiene un resfriado

1. guardes
2. bebas
3. tome
4. te bañes
5. corras
6. me llames
7. te mejores

p. 145 Ex. A. Combinaciones

Answers will vary.

1. Yo prefiero que mis amigos conduzcan con mucho cuidado.
2. Mis amigos desean que yo tenga más paciencia.
3. Mi padre desea que venga a cenar con ellos.
4. etc.

p. 145 Ex. B. Conexiones

1. oiga
2. ofrezca
3. traduzca
4. bendiga
5. deshaga
6. construya
7. disponga
8. obtenga
9. distraiga
10. entretenga
11. valga
12. traiga
13. convenga
14. posponga
15. atraiga

p. 145 Ex. C. Frases incompletas

1. Yo exijo que ellos estén aquí hasta las cinco.
2. Mis padres recomiendan que yo dé las gracias siempre.
3. Nosotros sugerimos que él vaya a visitar varias universidades.
4. Es necesario que tú hayas terminado el informe para el lunes.
5. Más vale que nosotros seamos más insistentes.
6. Es una lástima que ella no sepa que su novio ya no la quiere.
7. Tú ordenas que ellos vayan a todas las reuniones.

8. Ellos quieren que yo esté de acuerdo.

9. Conviene que Ud. dé más dinero a las organizaciones benéficas.

10. Tú no dejas que nosotros vayamos a la cafetería sin ti.

| | | | | | | | | | | | | | | | |

p. 146 Ex. A. Cambios

1. piense, piense, piensen, piense
2. encendamos, encienda, encienda, enciendas
3. almuerces, almuercen, almuerce, almuercen
4. resuelva, resolvamos, resuelvan, resuelvas
5. se rían, te rías, se ría, se rían

| | | | | | | | | | | | | | | | |

p. 146 Ex. B. Frases incompletas

Answers will vary.

1. Basta que nosotros defendamos los principios.
2. Es una lástima que tú pierdas el partido.
3. Es importante que Carlos se despida antes de salir.
4. etc.

| | | | | | | | | | | | | | | | |

p. 147 Ex. A. Cambios

1. extinga, extingan, extinga, extingas
2. entreguemos, entreguen, entregues, entregue
3. escojamos, nos; escojan, les; escoja, me; escoja, le
4. empiece, empecemos, empiecen, empieces
5. convenza, sus; convenza, mis; convenzamos, nuestros; convenzan, sus
6. averigües, averigüe, averigüemos, averigüe

| | | | | | | | | | | | | | | | |

p. 147 Ex. B. Respuestas

1. Mi mamá quiere que yo saque la basura.
2. Ellos esperan que la policía investigue.
3. Él desea que nosotros escojamos buenas lechugas.
4. El profesor prohibe que nosotros lleguemos tarde.
5. El guía sugiere que nosotros almorcemos allí.
6. Yo recomiendo que nosotros sigamos por esta calle.
7. El bibliotecario aconseja que Ud. busque otro.

8. Ojalá que ellos venzan a los rebeldes.

9. Ella pide que nosotros juguemos en el patio.

10. Nosotros preferimos que Uds. practiquen más.

11. Ella insiste en que yo la abrace.

12. Ellos esperan que no llueva.

|||||||||||||||||

p. 148 Ex. A. La salud

1. haya visitado

2. hayamos venido

3. se haya mejorado

4. hayas podido

5. haya dejado

6. se haya roto

7. haya terminado

8. se haya recuperado

|||||||||||||||||||

p. 148 Ex. B. Mis padres

haga, hacen, vengan, tengo, regrese, vaya,
se quede, cumple, nos llevamos, espere, quiera

|||||||||||||||||||

p. 149 Ex. C. Ayudando a otros

devuelva, ha, devuelva, tienes, pueda, soy, digo,
ponerte, vea, ayude, pensar, ayuda, estés, vas

|||||||||||||||||||

p. 149 Ex. D. Excusas

lleguemos, haga, tengo, va, puede, lleguen,
entren, podemos (puedo)

|||||||||||||||||||

p. 149 Ex. E. Comprensión entre amigos

digas, es, sea, discuta, va a comprender (comprenda),
Tienes, oiga, te olvides, somos, se arregle

Etapa 5

(Unidad 5)

La narración y la descripción en el futuro
Cómo expresar emociones, dudas y negación

I I I I I I I I

p. 152 Ex. A. Cambios

1. dirán, diremos, dirás, dirá
2. daremos, dará, darán, daré
3. podrás, podrán, podrá, podrá
4. valdrán, valdrá, valdrá
5. llegaré, llegaremos, llegarán, llegarán
6. asistirá, asistiré, asistirás, asistirán
7. sabrás, sabré, sabremos, sabrá
8. irá, iré, iremos, irán
9. haré, haremos, harás, harán
10. te quejarás, se quejarán, nos quejaremos, se quejará

I I I I I I I I I I I I I I I I I I

p. 152 Ex. B. Suposiciones

1. llamará
2. Estará
3. vendrán
4. tendrán
5. Habrá
6. será

I I I I I I I I I I I I I I I I I

p. 152 Ex. C. Conclusiones

1. ...yo no la compraré; ...mis padres usarán la tarjeta de crédito; ...ellos buscarán otro modelo; ...ella compondrá su modelo viejo
2. nosotros no jugaremos; ...yo iré al cine; ...tú te quedarás en casa; ...los niños harán la tarea
3. mis padres querrán visitar las ruinas; ...nosotros iremos al Museo de Antropología; ...Uds. podrán visitar Teotihuacán; ...mi amigo Pablo correrá por el Zócalo
4. nosotros llamaremos a otros; ...Ud. tendrá que encontrar otra solución; ...no valdrá la pena empezar el proyecto; ...será mucho más difícil

p. 153 Ex. A. Para entonces

Answers will vary.

1. Para mañana yo habré terminado mi composición para la clase de inglés.
2. etc.

p. 153 Ex. B. Posibles explicaciones

Answers will vary.

1. Nuestro reloj estará atrasado.
2. etc.

p. 154 Ex. A. Conjunciones

1. Te voy a prestar el libro cuando lo necesites.
2. Cómete el sándwich antes de que el profesor regrese.
3. Pasa por mi casa después de que tú termines el examen.
4. Visitaré Barcelona tan pronto como tenga dinero.
5. Me pondré las botas luego que llueva.
6. No te molestaré mientras tú estés con tus amigos.
7. Siéntate aquí de modo que puedas ver mejor.
8. Te llamaré en cuanto llegue a mi casa.
9. Quédate en la esquina hasta que nosotros regresemos.
10. La saludaré cada vez que la vea.

p. 154 Ex. B. Respuestas

Answers will vary.

1. ...venga a mi casa.
2. ...se dé cuenta.
3. ...salga con nosotros esta noche.
4. ...lo haga.
5. ...se sientan mejor.
6. ...les asegure que tengo un buen sueldo.
7. ...me digas que no debo.
8. ...llueva mientras estamos fuera.
9. ...se dé cuenta.
10. ...las devuelvas mañana.

||||||||||||||||||||

p. 154 Ex. C. ¿Indicativo o subjuntivo?

1. salgo
2. quieran
3. hayamos
4. sirva
5. vino
6. prefiera
7. salga
8. se enteraron
9. digas
10. durmamos
11. sean
12. hayas
13. miraba
14. estés (estás)
15. regresen

||||||||||||||||||||

p. 155 Ex. D. Situaciones

1. llegues, consiga, esté, llegue, te preocupes, vaya, estar
2. haya, entreguemos, vayamos, terminemos, limpie, paguen, debes
3. andan, quiere, quiere, pierda, estudiar, cambie, decida, necesite, regresen
4. vea, venga, salgo, necesito, juegue, empiecen, viene, se entretengan, trate
5. hayas, voy, llames, vengo, llames, tratemos

||||||||||||||||||||

p. 156 Ex. F. Una carta corta

esté (haya estado), tiene, recibas, pienses, podamos, tiene, vaya,
estés, van, lleguen, tengas, vayas, visites, haga, sepa, debes

Etapa 6

(Unidad 6)

La narración y la descripción más detallada en el pasado

| | | | | | | | |

p. 158   Ex. A.   Frases incompletas

1. hablara (hablase)
2. asistieran (asistiesen)
3. interesara (interesase)
4. llegaran (llegasen)
5. estuviera (estuviese)
6. hubiera (hubiese)
7. aumentaran (aumentasen)
8. comprendiera (comprendiese)

p. 159   Ex. B.   Más frases incompletas

1. fuera (fuese)
2. hiciera (hiciese)
3. dijéramos (dijésemos)
4. trabajaras (trabajases)
5. asistieran (asistiesen)

p. 159   Ex. C.   Para completar...

1. comprendiera
2. conociéramos
3. ayudara
4. pudieras
5. supieran

p. 159   Ex. D.   La salud de los enfermos

entregara, llegó, pidió, intercediera, viniera, fuera, había pedido, podía, habían pensado, animarse, viniera, quedaba, recibir, aconsejó, Dejaron, vino, cebaba, miraba

p. 160   Ex. A.   Cambios

1. dirían, diríamos, dirías, diría
2. querríamos, querría, querrían, querría
3. podrías, podrían, podría, podría
4. valdrían, valdría, valdría
5. llegaría, llegaríamos, llegarían, llegarían
6. hablaría, hablaría, hablarías, hablarían
7. sabrías, sabría, sabríamos, sabría
8. nadaría, nadaría, nadaríamos, nadarían
9. pagaría, pagaríamos, pagarías, pagarían
10. te quedaría, les quedaría, nos quedaría, me quedaría

p. 161   Ex. B.   Para completar...

1. llamaría
2. Estaría
3. vendrían
4. Habría
5. sería

p. 161   Ex. C.   Conclusiones

1. ...yo no lo compraría; ...mis padres usarían la tarjeta de crédito;
   ...ellos buscarían otro modelo; ...ella compondría su modelo viejo
2. ...nosotros no jugaríamos; ...yo iría al cine;
   ...tu te quedarías en casa; ...los niños harían la tarea
3. ...los turistas querrían visitar las ruinas; ...nosotros acabaríamos el proyecto;
   ...Uds. podrían visitarlo; ...él empezaría la segunda parte
4. ...nosotros llamaríamos a otra gente; ...Ud. tendría que encontrar otra solución;
   ...no valdría la pena; ...sería mucho más difícil

p. 161 Ex. D. Para completar

1. habría pensado, habrían pensado, habríamos pensado, habrías pensado, habrían pensado
2. habríamos visitado, habría visitado, habrían visitado, habría visitado, habrían visitado
3. habría dicho, habría dicho, habrías dicho, habrían dicho, habríamos dicho
4. habrían hecho, habrías hecho, habría hecho, habrían hecho, habrían hecho
5. habrían podido, habríamos podido, habría podido, habrían podido, habría podido

p. 161 Ex. E. Situaciones

1. tengamos, ser, molesta
2. estaba, llegó, fueras (hubieras ido)
3. llegara, tenías, llegará, permitas, necesite
4. trajeras, olvidó, des
5. vieras (hubieras visto), te fijes, hago,
   vieran, iba, hubiera sido, habrías hecho
6. consiguieron, fuera, dejaron, me levantara,
   pueda, digas, está, vayas,
   hubiera gustado, vinieras, Tengo,
   dejen, visite, decidas

Paso 1
Nouns and articles

I I I I I I I I

p. 165 Ex. A. Asociaciones

Answers will vary.

1. el telegrama urgente
2. el sofá cómodo
3. el camión grande
4. el diploma importante
5. el equipaje pesado
6. el fantasma blanco
7. la flor bonita
8. la labor dura
9. el crucigrama difícil
10. el equipaje pesado
11. el clima tropical
12. la manzana dulce

I I I I I I I I I I I I I I I I

p. 165 Ex. B. Definiciones

1. el abrelatas
2. el portamonedas
3. el tocadiscos
4. el sacacorchos
5. el paraguas
6. el lavamanos
7. el portaviones
8. el parabrisas

I I I I I I I I I I I I I I I I I

p. 165 Ex. C. Comparaciones

Answers will vary.

1. El príncipe es menos importante que el rey porque tiene menos poder.
2. El caballo es más fuerte que el gallo porque es más grande.
3. La actriz es más bonita que el duque porque es más joven.
4. El toro es más grande que el carnero porque es más fuerte.
5. El poeta es más intelectual que el bailarín porque es más educado.
6. La cantante es más popular que mi nuera porque trabaja en el teatro.

I I I I I I I I I I I I I I I I I I

p. 166 Ex. D. Los árboles y las frutas

1. una cereza, el cerezo
2. una naranja, el naranjo
3. una almendra, el almendro
4. una castaña, el castaño
5. una manzana, el manzano
6. una ciruela, el ciruelo
7. una pera, el peral
8. una avellana, el avellano

|||||||||||||||||||||

p. 168 Ex. A. Cambios

1. el yerno
2. el macho
3. el príncipe
4. la madre
5. el hombre
6. la heroína
7. la poetisa
8. la duquesa

9. la emperatriz
10. el gallo
11. la vaca
12. el rey
13. la oveja
14. el caballo
15. la esposa
16. el actor

|||||||||||||||||||||

p. 169 Ex. B. Cambios

1. el campeón
2. el atleta
3. el adolescente
4. el representante
5. la agente
6. la persona
7. el ser

8. la doctora
9. la cantante
10. la víctima
11. el individuo
12. el camarada
13. el joven
14. el personaje

|||||||||||||||||||||

p. 169 Ex. C. Una obra de teatro

Answers will vary.

1. Javier va a ser el campeón de fútbol. Es joven y atlético.
2. etc.

|||||||||||||||||||||

p. 169 Ex. D. En compañía de...

Answers will vary.

1. Pondría en el Arca de Noé unos caballos para tener un medio de transporte y unas vacas para tener leche y comida.
2. Invitaría a una cena elegante al rey de España y al cantante famoso Julio Iglesias porque los dos son españoles y tendrían mucho en común.
3. etc.

p. 170 Ex. E. En forma de pregunta, por favor

1. ¿Qué es la corte?
2. ¿Qué es el editorial?
3. ¿Qué es un desastre?
4. ¿Qué es la noche?
5. ¿Qué es un genio?
6. ¿Qué es el mar Caribe?
7. ¿Qué es agosto?
8. ¿Qué es un espía?
9. ¿Qué es un representante?
10. ¿Qué es una vaca?
11. ¿Qué es un yerno?
12. ¿Qué es una heroína?
13. ¿Qué es un varón?
14. ¿Qué son unos campeones?
15. ¿Qué es el amor?

p. 172 Ex. A. Definiciones

Answers will vary.

1. el cometa — se ve en el cielo, es algo que vuela rápidamente pero no es ni avión, ni ave.
2. etc.

p. 172 Ex. B. Más definiciones

1. el mapa
2. la mano
3. la "q"
4. el día
5. la pizarra
6. la juventud
7. la cumbre
8. los peces
9. la clase
10. el tranvía

p. 172 Ex. C. Sustantivos abstractos

1. la dificultad
2. la virtud
3. la quietud
4. la explosión
5. la libertad
6. la revolución

p. 173 Ex. D. Identificaciones

1. la cometa
2. la corte
3. la capital
4. el mapa
5. el pendiente
6. el cura
7. la ceja
8. la papa
9. la guía telefónica
10. la pendiente
11. el policía
12. el guía

p. 175 Ex. A. Cambios

1. las voces — (the) voices
2. los aviones — (the) airplanes
3. los martes — Tuesdays
4. los veranos — summers
5. las manos — (the) hands
6. los abrelatas — the can openers
7. los almendros — the almond trees
8. las flores — the flowers
9. las raíces — the roots
10. los caballos — the horses
11. los sofás — the sofas
12. las papas — the potatoes
13. los campeones — the champions
14. las jóvenes — the young girls
15. los cantantes — the singers

p. 175 Ex. B. Cambios

1. las naciones
2. los pasajes
3. los almacenes
4. los papeles
5. los directores
6. las narices
7. las paredes
8. las fuentes
9. los jardines
10. las mujeres
11. las cruces
12. los ingleses
13. los reyes
14. los cines
15. los salones
16. los leyes
17. los frijoles
18. las luces
19. los dólares
20. los disfraces

p. 178 Ex. A. Situaciones incompletas

1. El, la (*X*), el, al, las, el, la, *X*, la, el, *X*, al
2. el, el, al, Lo, *X*, *X*, *X* (la)
3. la, la, el, la, el, el, la, al

4. *X*, *X*, el, del, al, al, el, los, los, al, la, las, del

5. las, la, el, la, la, lo, el

6. *X*, el, las (*X*), el, al, los, las, los

| | | | | | | | | | | | | | | | | | |

p. 179 Ex. B. Más situaciones

1. las

2. *X*, del, al

3. la

4. los

5. La

| | | | | | | | | | | | | | | | | | |

p. 179 Ex. C. ¡No estoy de acuerdo!

1. Lo interesante sería ver la película.

2. Lo divertido sería ir de compras.

3. Lo emocionante sería subir al observatorio.

4. Lo mejor sería ordenar las raquetas por teléfono.

5. Lo bonito sería comprarle cintas.

| | | | | | | | | | | | | | | | | | |

p. 180 Ex. D. ¿Qué es para ti...?

Answers will vary.

1. Lo aburrido para mí es pasar toda la noche mirando la televisión.

2. Lo triste para mí es ver a los mendigos en la calle.

3. Lo romántico para mí es cuando mi novio me escribe poesía.

4. etc.

| | | | | | | | | | | | | | | | | | |

p. 181 Ex. A.

unos, Una, unos, Una, *X*, *X*, una, un, *X*, una, *X*

| | | | | | | | | | | | | | | | | | |

p. 181 Ex. B. El País en México

el, el, La, las, la, el, los, las, la,
el, La, el, las, los, la, la, los

Paso 2
Subject pronouns

||||||||

p. 183 Ex. A. ¿Qué pasaba?

1. Él
2. Ella
3. Ellos
4. Ellos
5. Él
6. Ella
7. Ellos
8. Ellos

||||||||||||||||||

p. 183 Ex. B. En clase

1. tú
2. ellos
3. yo
4. él
5. él
6. Ellos
7. Nosotras

||||||||||||||||||

p. 183 Ex. C. ¿Qué forma?

1. Ud.
2. tú
3. vosotros (Uds.)
4. Ud.
5. Ud.
6. tú
7. Ud.
8. Ud.
9. vosotros (Uds.)
10. tú

Paso 3

Prepositional pronouns

¦ ¦ ¦ ¦ ¦ ¦ ¦ ¦

p. 185 Ex. A. Mucha gente

1. él, nosotros, ti
2. ellos, ella, ellas
3. ellas, él, nosotras(os)
4. él, ellas, vosotros(as) (Uds.)
5. ellas, ellos, mí

¦ ¦ ¦ ¦ ¦ ¦ ¦ ¦ ¦ ¦ ¦ ¦ ¦ ¦ ¦

p. 185 Ex. B. Una fiesta de cumpleaños

1. **Sí**, voy contigo.
2. **Sí**, es para ella.
3. **Sí**, hablan mucho acerca de ella.
4. **Sí**, es en él.
5. **Sí**, está detrás de él.
6. **Sí**, dan la fiesta sin ellos.
7. **Sí**, menos tú.
8. **Sí**, es de ella.

¦ ¦ ¦ ¦ ¦ ¦ ¦ ¦ ¦ ¦ ¦ ¦ ¦ ¦ ¦ ¦ ¦

p. 185 Ex. C. En el partido

Answers will vary.

1. Es para mí. Hoy es mi cumpleaños.
2. Hablamos de ella. Es Carolina, la estudiante nueva.
3. Jugamos contra ellos. Son los mejores jugadores del mundo.
4. Está enfrente de ti. Es él de la camisa blanca.
5. Según ellos. Ellos son los jefes.
6. Les gritan a ellos. Son sus hijos.

Paso 4

Object Pronouns

| | | | | | | | |

p. 188 Ex. A. En el restaurante

1. los, lo, las
2. Lo, La, Los
3. los, lo, lo
4. Lo, La, Lo
5. lo, la, las

6. La, Los, Lo
7. Las, Los, Lo
8. lo, los, los
9. La, Lo, Lo
10. La, Lo, Los

| | | | | | | | | | | | | | | | | |

p. 189 Ex. B. ¿Listo para salir?

Answers will vary.

1. Sí, me ha llamado.
2. Sí, los he visto.
3. Sí, los he conseguido esta mañana.
4. Sí, lo he encontrado anoche en la maleta.
5. Sí, las he hecho.
6. Sí, lo he leído.
7. No, todavía no lo he cambiado.

| | | | | | | | | | | | | | | | | |

p. 189 Ex. C. Los regalos

1. les, le, le
2. me, nos, le
3. Le, Te, Les
4. Le, Te, Les

5. les, les, os
6. nos, les, nos
7. le, le, le
8. le, me, nos

| | | | | | | | | | | | | | | |

p. 189 Ex. D. En la consulta

1. me
2. le
3. me
4. le
5. los
6. me

p. 189 Ex. E. En el estadio

1. a ella
2. a nosotros
3. a ti
4. a ellos
5. a mí
6. a nosotros
7. a ellos

p. 190 Ex. F. Una receta

1. Sí, córtalas. No, no las cortes.
2. Sí, mézclalos. No, no los mezcles.
3. Sí, hiérvela. No, no la hiervas.
4. Sí, enciéndelo. No, no lo enciendas.
5. Sí, ponla. No, no la pongas.
6. Sí, ponla. No, no la pongas.
7. Sí, añádelo. No, no lo añadas.
8. Sí, caliéntalo. No, no lo calientes.

p. 190 Ex. G. De excursión

1. Sí, cómprenlo aquí. No, no lo compren aquí.
2. Sí, espérenlo aquí. No, no lo esperen aquí.
3. Sí, déjenlas aquí. No, no las dejen aquí.
4. Sí, tráiganlos. No, no los traigan.
5. Sí, devuélvanlos. No, no los devuelvan.
6. Sí, llévenlo. No, no lo lleven.
7. Sí, pónganlas con el equipaje. No, no las pongan con el equipaje.
8. Sí, condúzcanlas. No, no las conduzcan.
9. Sí, escríbanlas ahora. No, no las escriban.
10. Sí, páguenla ahora. No, no la paguen ahora.

p. 190   Ex. H.   Mandatos

1. Preséntamela a mí.
2. Véndesela a algún estudiante.
3. Quítaselo a él.
4. Llévalos a un restaurante.
5. Háblale a ella.
6. Pídeles permiso a tus padres.
7. Préstamelo a mí.

IIIIIIIIIIIIIIIII

p. 191   Ex. I.   Más mandatos

1. Cómpraselo.
2. Dínosla.
3. Cuéntaselo.
4. Salúdalos.
5. Envíasela.
6. Pídeselos.
7. Cámbiaselos.
8. Devuélveselas.
9. Préstaselo.
10. Pregúntaselo.

IIIIIIIIIIIIIIIII

p. 191   Ex. J.   Los quehaceres de casa

1. Sí, sigo quitándolo. Sí, lo sigo quitando.
2. Sí, estoy pasándola. Sí, la estoy pasando.
3. Sí, estoy haciéndola. Sí, la estoy haciendo.
4. Sí, sigo recogiéndola. Sí, la sigo recogiendo.
5. Sí, estoy lavándola. Sí, la estoy lavando.
6. Sí, estoy planchándolas. Sí, las estoy planchando.
7. Sí, estoy cambiándolas. Sí, las estoy cambiando.
8. Sí, sigo lavándolos. Sí, los sigo lavando.

IIIIIIIIIIIIIIIII

p. 191   Ex. K.   En el barrio

1. Sí, voy a devolverlo. Sí, lo voy a devolver.
2. Sí, voy a ayudarlos. Sí, los voy a ayudar.
3. Sí, voy a pintarla. Sí, la voy a pintar.
4. Sí, voy a cuidarlos. Sí, los voy a cuidar.
5. Sí, voy a conocerlos. Sí, los voy a conocer.
6. Sí, voy a visitarlo. Sí, lo voy a visitar.
7. Sí, voy a cortarlo. Sí, lo voy a cortar.

||||||||||||||||||

p. 192 Ex. L. De compras

1. Julia me lo mostró.
2. Se los compré.
3. Nos lo explicó.
4. Se las dijimos.
5. El supervisor nos las quería ofrecer gratis. (El supervisor quería ofrecérnoslas gratis.)
6. Se las estaba repitiendo a la dueña. (Estaba repitiéndoselas a la dueña.)
7. Nos lo bajó.
8. Se lo mostré a Dorotea.
9. Julio me lo dijo.
10. Se las dieron a su hermano.

||||||||||||||||||

p. 192 Ex. M. Planes para una visita al museo

1. Sí, me interesa la exposición.
2. Sí, la quiero.
3. Sí, van a acompañarnos. (Sí, nos van a acompañar.)
4. Sí, te la puedo dar. (Si, puedo dártela.)
5. Búscame a las siete.
6. Sí, llámame antes.
7. Sí, lo puedes invitar. (Sí, puedes invitarlo.)
8. Sí, dásela.

||||||||||||||||||

p. 192 Ex. N. En el museo

1. nos
2. lo
3. Nos
4. nosotros
5. Ellos
6. nos
7. les
8. les, la
9. me, me la

||||||||||||||||||

p. 193 Ex. O. Un regalo

la, La, La, Lo, lo, lo, le

Paso 5

Relative pronouns

||||||||

p. 195 Ex. A. En mi niñez

1. Me subía al árbol que era muy alto.

2. Mi mamá me contaba cuentos que eran muy interesantes.

3. Yo iba a patinar en el parque que estaba a tres cuadras de la escuela.

4. Mi mamá me llevaba a la escuela que estaba en la esquina de mi casa.

5. Yo jugaba a muchos juegos que eran divertidos.

6. Por las tardes regresaba a mi casa con mi tía que era profesora en la misma escuela.

|||||||||||||||||

p. 195 Ex. B. Ideas sobre una novela

1. Los personajes que aparecieron en la novela son interesantes.

2. El final que escribió el autor es sorprendente.

3. El título que escogió el autor es demasiado largo.

4. El ambiente que describió el autor es realista.

5. La película que van a hacer sobre la novela saldrá en la primavera.

||||||||||||||||||

p. 196 Ex. A. Evitando la repetición

1. Las que vi en el restaurante anoche van a una escuela privada.

2. El que está en la esquina anda perdido.

3. La que hace cola espera la venta de los boletos.

4. Los que van en ese coche patrullan este vecindario.

5. El que corre se parece a mi amigo Gilberto.

6. Las que están en esa tienda llevan vestidos elegantes.

|||||||||||||||||||

p. 196 Ex. B. Más información

Answers will vary.

1. Mi tío, el que vive con nosotros, **viaja mucho durante el verano.**

2. Las estudiantes de intercambio, las que son de Irlanda, **se van a quedar aquí por dos meses.**

3. Los vecinos de Julia, los que son músicos, **siempre hacen mucho ruido.**

4. La hija del director, la que es muy inteligente, **recibió una beca para estudiar en la universidad.**

5. El abogado de mis padres, el que es muy conocido, **ganó un caso muy importante.**

6. Mis amigos de la República Dominicana, los que siempre me escriben, **vienen a visitarnos el mes próximo.**

ı ı ı ı ı ı ı ı ı ı ı ı ı ı ı ı ı

p. 197 Ex. A. Preparativos

1. Quienes

2. quienes

3. quien

4. Quienes

5. quien

6. quienes

7. quien

8. quienes

ı ı ı ı ı ı ı ı ı ı ı ı ı ı ı ı ı

p. 198 Ex. A. Reacciones

Answers will vary.

1. Lo que pasó en ese pueblo es muy extraño.

2. No puedo creer lo que dicen de ese perro.

3. ¡Lo que hizo ese millonario es increíble!

4. Lo que se inventan algunas personas es gracioso.

5. ¿Puedes creer lo que pasó en el zoológico?

6. No sé cómo la gente cree lo que dice esa chica.

7. Lo que dicen en esa nueva autobiografía no es verdad.

8. ¡Lo que hace esa niña es increíble!

ı ı ı ı ı ı ı ı ı ı ı ı ı ı ı ı ı

p. 199 Ex. A. Completando ideas

1. cual

2. lo cual

3. los cuales

4. lo cual

5. la cual

6. las cuales

||||||||||||||||||

p. 199 Ex. B. La ecología

Answers will vary.

1. ...lo cual ayuda con el reciclaje
2. ...lo cual está matando a los peces
3. ...lo cual no es muy difícil
4. ...lo cual puede ayudar a los trabajadores a recogerlos
5. ...lo cual se puede hacer facilmente

||||||||||||||||||

p. 200 Ex. A. Completando ideas

1. cuya
2. cuyas
3. cuyo
4. cuyos
5. cuyos
6. cuyas
7. cuyo
8. cuyos
9. cuya
10. cuyas

||||||||||||||||||

p. 200 Ex. B. Ideas sobre la televisión

1. Los padres cuyos hijos ven demasiada televisión se quejan del contenido.
2. Las estaciones de PBS cuyos programas son buenos ayudan a los jóvenes.
3. Este noticiero cuyo reportaje ganó un premio fue cancelado.
4. Los programas cuya audiencia es muy joven tienen éxito.
5. La locutora cuyas entrevistas son en vivo visita varios países latinoamericanos.

||||||||||||||||||

p. 201 Ex. A. Completando ideas

1. cuando
2. donde
3. donde
4. cuando
5. donde
6 donde

Paso 6
Interrogatives and exclamations

I I I I I I I I

p. 204   Ex. A.   Preguntas básicas

1. Qué
2. A quién (A dónde)
3. Quién
4. Qué
5. Dónde

6. Cuál
7. Cómo
8. Quiénes
9. Cuáles
10. Cuándo

I I I I I I I I I I I I I I I I I

p. 204   Ex. B.   ¿Y?

1. ¿Con quién vas?
2. ¿Cuándo naciste? (¿En qué año naciste?)
3. ¿De quién son?
4. ¿Por qué lo haces?
5. ¿Cómo es?

6. ¿Qué tienes?
7. ¿Cuándo vas?
8. ¿Cómo se llama?
9. ¿Qué es?
10. ¿Dónde están?

I I I I I I I I I I I I I I I I

p. 204   Ex. C.   En un museo

1. Qué
2. Cuáles
3. Qué
4. qué
5. cuál

6. Cuál
7. Cuál
8. qué
9. Qué
10. qué

I I I I I I I I I I I I I I I I I

p. 205   Ex. D.   Unos turistas en la ciudad

Answers will vary.

1. Perdón, ¿pudiera decirme Ud. dónde queda el museo del Prado?
2. ¿Cómo se llama ese edificio alto de vidrio?
3. ¿Dónde está la agencia de viajes?
4. etc.

p. 205 Ex. E. Quieren saber

Answers will vary.

1. Perdón, ¿cuánto cuesta ir en taxi desde el hotel hacia el centro?
2. ¿Cuántos años tiene su niño, señora?
3. ¿A qué altitud está Ud. volando?
4. Mami, ¿cuándo puedo salir?
5. ¿Qué nota saqué en el examen?
6. ¿Cuántos empleados trabajan tiempo completo?
7. ¿Cómo funciona el nuevo sistema de computadoras?
8. ¿Cuál es su número de pasaporte?
9. ¿Cómo se llaman los delincuentes?
10. ¿De qué cosa está acusada?

p. 205 Ex. F. En forma de pregunta, por favor

Answers will vary.

1. ¿Cómo era su padre?
2. ¿Qué hacía Ud. en aquella época?
3. etc.

p. 206 Ex G. Tu reacción

Answers will vary.

1. ¡Qué cara!
2. ¡Qué antipático!
3. ¡Qué calor!
4. ¡Cómo come!
5. ¡Qué emoción!
6. ¡Cómo llueve!
7. ¡Qué suerte!
8. ¡Qué interesante!

Paso 7
Numbers

I I I I I I I I

p. 209   Ex. A.   Los números

una, dos, cuatro, diez, once, doce, trece, dieciocho,
veintiún, treinta, cuarenta, cuarenta, cincuenta y dos,
setenta y cinco, noventa y ocho coma cuatro, cien,
ciento un, ciento ochenta, trescientos sesenta y cinco,
quinientos, mil, mil quinientos, cinco mil doscientas ochenta,
un millón de años, mil millones de estrellas

I I I I I I I I I I I I I I I I I I

p. 209   Ex. B.   Algunos años históricos

1. setecientos once
2. mil ochenta y ocho
3. mil cuatrocientos noventa y dos
4. mil quinientos ochenta y ocho
5. mil setecientos setenta y seis
6. mil novecientos cuarenta y cinco

I I I I I I I I I I I I I I I I I I

p. 209   Ex. C.   En la agencia de viajes

dos, tres, treinta y uno, diecinueve, veinticinco,
mil setecientas sesenta y cinco pesetas, diez,
dos mil quinientas setenta y siete,
cincuenta y un mil quinientas treinta, un, primero,
diecinueve mil novecientas cincuenta,
treinta y nueve mil novecientas, once mil seiscientas treinta,
primero, nueve mil novecientas veinticinco,
veintinueve mil novecientas veinticinco, primero, miles

I I I I I I I I I I I I I I I I I

p. 210   Ex. D.   Transcribir las cifras

1. presupuesto total: ciento treinta y cinco mil pesetas
2. llamadas telefónicas: ocho mil trescientas setenta y seis pesetas
3. transporte: veinticinco mil ciento cincuenta pesetas
4. comidas: diecinueve mil ochocientas cuarenta y cuatro pesetas
5. hotel: sesenta y ocho mil quinientas treinta y ocho pesetas
6. varios: trece mil setecientas setenta y cinco pesetas

p. 210 Ex. E. Las instrucciones

cuatrocientos noventa y cinco, cien, treinta y ocho,
tercera, ciento veintiocho, ciento veintiocho, veintiún,
cuarta, cincuenta y cinco, cincuenta y cinco, primer,
séptimo, mil ochocientos cuarenta y cinco,
mil doscientos treinta y nueve, doce

p. 211 Ex. F. Ranking de audiencias

1. RNE 1 Conv — dieciséis coma tres por ciento, cuatro millones treinta y ocho mil
   Antena 3 — quince coma cinco por ciento, cuatro millones treinta y ocho mil
   SER Conv — trece coma siete por ciento, cuatro millones treinta y ocho mil
2. SER Conv — ochocientas noventa y cinco mil, seis millones doscientas cuarenta y ocho mil
   RNE 1 Conv — setecientas veintinueve mil, seis millones doscientas cuarenta y ocho mil
3. "Escrito en el aire" — seiscientas veintiséis mil
4. "De par en par" — nueve por ciento
5. "Supergarcía en la hora cero" — un millón veintiséis mil, treinta y seis coma ocho por ciento

p. 211 Ex. G. Números

Answers will vary.

1. 12 (una docena) — porque los venden por docenas
2. 15 (quince) — porque tengo quince años
3. millones — porque hay millones de estrellas
4. 13 — porque es un número que casi siempre se asocia con la mala suerte
5. 7 — porque generalmente se asocia con la buena suerte
6. 54 — porque hay 54 cartas en un paquete
7. 7 — porque una semana tiene 7 días
8. 50 — porque los Estados Unidos tiene 50 estados
9. 11 — porque hay 11 jugadores en un equipo de fútbol
10. 5 — porque tenemos cinco dedos en cada mano
11. 14 — por el día de San Valentín
12. 24 — porque hay 24 horas en un día
13. 365 — por los días del año
14. 1.000 años — porque eso es lo que significa un milenio

Paso 8

Indefinite and negative words

---

p. 213 Ex. A. Cambios

Answers will vary.

1. No lo hizo ningún estudiante de la clase.
2. Nunca los acompaño. (No los acompaño nunca.)
3. Mis amigas no están de acuerdo tampoco.
4. No voy a invitar ni a Juán ni a Horacio.
5. Nunca voy a encontrar a nadie que me ayude.
6. Nadie dijo que yo sabía algo.
7. Nunca tiene nada que decir.
8. También sé que nadie llevó nada para la fiesta.

---

p. 213 Ex. B. No, no...

1. No, tampoco lo he visto.
2. No, no he terminado el poema todavía.
3. No, no hay nadie aquí que sepa ruso.
4. No, ya no viven en el campo.
5. No, nunca he ganado nada.
6. No, no vamos ni a jugar ni a estudiar.
7. No, no recogí nada de lo que dejaste en la mesa.
8. No, no tengo ningún día libre.
9. No, todavía no ha salido.
10. No, no he estado nunca en Barcelona.

---

p. 214 Ex. A. Completando ideas

1. sino
2. sino
3. sino
4. sino
5. pero
6. pero
7. sino
8. sino que
9. pero
10. sino que

---

p. 214 Ex. B. Con originalidad

Answers will vary.

1. Tuve que ir a la biblioteca pero no pude encontrar nada.
2. etc.

Paso 9

"Gustar" and verbs like "gustar"

p. 216 Ex. A. Cambios

1. A él le, A Ud. le, A nosotros nos, A ti te
2. Te, Le, Nos, Les
3. interesa, interesa, interesa, interesan
4. Me, Le, Nos, Le

p. 216 Ex. B. Frases incompletas

1. A mí me duelen las muelas.
2. A Salvador le conviene ir a una universidad pequeña.
3. A Uds. les parecen difíciles los ejercicios de álgebra.
4. A ti te aburren los programas sobre la naturaleza.
5. A nosotros nos interesa la beca que ofrecen.
6. A Juanita le faltan tres años para terminar su carrera.
7. A Lisa y a Eduardo les sorprende la cantidad de personas que no tienen casa.
8. A mí me sobra dinero al final de la semana.

p. 216 Ex. C. Gustos y necesidades

Answers will vary.

1. A mí me molestan los lunes, la música rock y la tarea.
2. A mis amigos les agradan los fines de semana, los conciertos y las vacaciones.
3. A mis padres les importa la educación y el comportamiento de sus hijos.
4. etc.

Paso 10

Adverbs

p. 219 Ex. A. Varias maneras de hacer las actividades

Answers will vary.

1. Hago el ejercicio físico alegremente.
2. Leo tranquilamente.
3. Ayudo a la gente de buena gana.
4. etc.

p. 219 Ex. B. Cambios

ricamente, débilmente, espontáneamente, lujosamente, fácilmente, apasionadamente, apresuradamente, originalmente, cariñosamente, respetuosamente, atentamente, artísticamente, elegantemente, sumamente, rápidamente, verdaderamente

Answers will vary.

1. Carlos da respuestas espontáneamente.
2. Juan lee apasionadamente en voz alta.
3. Linda habla español rápidamente.
4. etc.

p. 219 Ex. C. De otra manera

felizmente, curiosamente, rápidamente, cortésmente, cuidadosamente, silenciosamente, profundamente, tristemente, violentamente, orgullosamente

p. 219 Ex. D. Un discurso interesante

Answers will vary.

Afortunadamente, despacio, claramente, Generalmente, dramáticamente, con atención, Raras veces, Francamente, fielmente, de manera tan apasionada, con tanto detalle

p. 219 Ex. E. Descripciones

Answers will vary.

1. La profesora habla clara y rápidamente.
2. Le hablo despacio.
3. Generalmente pasan los veranos en Mallorca.
4. Usualmente hablamos español en clase.
5. Siempre pronuncio correctamente.
6. Francamente no sé todavía.
7. Aceptaría la nota tranquila y felizmente.

p. 220 Ex. F. Es decir

1. ...silenciosamente
2. ...detalladamente
3. ...rápidamente
4. ...sinceramente
5. ...completamente
6. ...de buena gana
7. ...fácilmente

p. 220 Ex. G. Cómo se comporta mi familia

Answers will vary.

1. ...apasionadamente
2. ...con sumo cuidado
3. ...alegremente
4. ...rápidamente
5. ...diligentemente
6. ...rápidamente
7. ...de buena gana
8. ...tranquilamente
9. ...con paciencia
10. ...con gusto

Paso 11

"Por" / "Para"

| | | | | | | |

p. 222 Ex. A. ¿Por o para?

1. para
2. por
3. para
4. Por
5. Por
6. para
7. por
8. por

9. por
10. para
11. para
12. por
13. Para
14. por
15. por

| | | | | | | | | | | | | |

p. 223 Ex. B. Un viaje

para, por, por, para, para,
Por, por, para, Para

| | | | | | | | | | | | | |

p. 223 Ex. C. Un día muy difícil

por, para, por, para, por, para,
por, por, por, para, para

Práctica

Un poco más de práctica

¡ ¡ ¡ ¡ ¡ ¡ ¡ ¡

Part A. pp. 225-233

1

1. (c) dime
2. (a) quieras
3. (c) por
4. (d) andando
5. (a) cuidadosa
6. (c) aquél
7. (d) u
8. (a) le
9. (b) hayan acabado
10. (b) traer

¡ ¡ ¡ ¡ ¡ ¡ ¡ ¡ ¡ ¡ ¡ ¡ ¡ ¡ ¡ ¡ ¡

2

1. (d) vamos
2. (a) hubiera estado
3. (b) ese
4. (d) nos reunimos
5. (c) Aprender
6. (a) ningún
7. (a) cuál
8. (b) abróchense
9. (a) yo
10. (c) llegues

¡ ¡ ¡ ¡ ¡ ¡ ¡ ¡ ¡ ¡ ¡ ¡ ¡ ¡ ¡ ¡

3

1. (a) el mío
2. (a) entregaremos
3. (b) faltó
4. (b) está
5. (c) huyó
6. (d) le
7. (a) vistiéndome
8. (c) A quiénes
9. (c) sea
10. (d) hubiera causado

¡ ¡ ¡ ¡ ¡ ¡ ¡ ¡ ¡ ¡ ¡ ¡ ¡ ¡ ¡ ¡ ¡

4

1. (a) grabara
2. (b) des
3. (a) poder
4. (b) le
5. (c) guste
6. (d) es
7. (b) de lo que
8. (c) tuya
9. (d) sentémonos
10. (d) caben

5

1. (d) se escape
2. (b) prometes
3. (c) sino
4. (a) se lo
5. (c) haber

6. (d) reconoces
7. (b) se descubrieron
8. (a) mal
9. (a) de
10. (b) vienen

6

1. (d) crucen
2. (b) él
3. (d) decirles
4. (c) duelen
5. (c) baje

6. (a) hiciera
7. (a) permite
8. (d) haya
9. (c) cuáles
10. (b) gritando

7

1. (b) ocultaran
2. (b) la de él
3. (c) hagan
4. (c) di
5. (a) el

6. (b) hace
7. (d) Somos
8. (a) traiga
9. (a) gustaría
10. (c) haber

8

1. (a) tuvimos
2. (c) creería
3. (b) oyeron
4. (c) tenía
5. (b) hiciera

6. (d) mucho
7. (a) oír
8. (b) tercer
9. (a) la de
10. (b) cambie

IIIIIIII

Part B. pp. 234-245

1

1. (D) para
2. (D) escondidos
3. (A) u
4. (A) admiraba
5. (B) olvidaran

6. (B) vendrían
7. (A) Era
8. (C) pero
9. (A) sabíamos
10. (D) tuyos

IIIIIIIIIIIIIIIII

2

1. (A) Tales
2. (B) había
3. (B) esperamos
4. (D) nosotros
5. (B) recogieran

6. (A) pasado
7. (D) habrá
8. (C) por
9. (D) llevar
10. (A) Fue (Era)

IIIIIIIIIIIIIIIII

3

1. (C) pudiera
2. (C) leyendo
3. (C) abierta
4. (B) ladres
5. (D) tendremos

6. (C) le
7. (B) pero
8. (B) le
9. (B) única
10. (A) será

IIIIIIIIIIIIIIIIII

4

1. (D) será
2. (D) puedan
3. (C) saliera
4. (D) tanto
5. (D) de

6. (D) hace
7. (B) mayor
8. (A) digas
9. (D) de
10. (B) hablaran

5

1. (D) interesa
2. (A) cuyas
3. (A) preparábamos
4. (B) yo
5. (A) cualquier

6. (C) que
7. (B) ningún
8. (A) las
9. (C) ser
10. (A) haya

6

1. (A) vayan
2. (C) eran
3. (C) eran
4. (A) tuvieras
5. (C) parece

6. (C) asegurarnos
7. (B) sea
8. (B) ordenó
9. (A) Recibíamos
10. (B) preguntando

7

1. (A) tenía
2. (B) pero
3. (B) podríamos
4. (D) alguna
5. (A) llegue

6. (A) ver
7. (A) Lo
8. (B) X
9. (C) primera
10. (B) queríamos

8

1. (C) lo que
2. (C) podríamos
3. (B) pueden
4. (C) está
5. (C) posee

6. (C) estar
7. (A) distinguir
8. (C) será
9. (D) toca
10. (D) come

‖‖‖‖‖‖‖‖‖‖‖‖‖‖‖‖‖‖‖

9

1. (D) caminaba
2. (C) viene
3. (D) murió
4. (B) conozcan
5. (C) estaba

6. (C) tanto
7. (A) despertara
8. (B) recojas
9. (B) reúna
10. (A) te quedes

‖‖‖‖‖‖‖‖‖‖‖‖‖‖‖‖‖‖‖

10

1. (A) estábamos (estuvimos)
2. (B) por
3. (A) trató
4. (B) sería
5. (B) decidas

6. (A) el
7. (A) les
8. (A) descubra
9. (B) quienes
10. (A) cien

‖‖‖‖‖‖‖‖‖‖‖‖‖‖‖‖‖‖‖

11

1. (D) los
2. (B) se las
3. (A) Cuál
4. (A) sorprende
5. (C) apasionada

6. (B) levante
7. (B) habrías
8. (A) Dame
9. (A) tratara
10. (C) parecía

‖‖‖‖‖‖‖‖‖‖‖‖‖‖‖‖‖‖‖

12

1. (C) el
2. (A) sobran
3. (B) entres
4 (A) estoy
5. (A) poder

6. (B) sino
7. (C) supiera
8. (B) disfrutábamos
9. (C) nada
10. (B) por

Part C. pp. 246-261

1

1. Mucha
2. merezco
3. este
4. den
5. merecedora
6. tiene
7. buscan
8. ponerse (ponerme)
9. esperamos
10. pueda

2

1. Eran
2. debiera
3. había
4. levantarme
5. durmiendo
6. oí
7. gran
8. nuestro
9. espantar
10. ningún
11. esa

3

1. Era
2. pasar
3. tantas
4. sintiendo
5. cerrada
6. escaparme
7. constantes
8. vuelto
9. apagaba
10. sonó
11. quería
12. fuera
13. tonta
14. Era
15. trabajara

4

1. Sigue
2. planeado
3. esos
4. cambiar
5. ese
6. esperábamos
7. disfrutar
8. primeros
9. sé
10. tocando (tocar)
11. abrir
12. traído

5

1. saqué
2. ninguna
3. construida
4. vi
5. permitiría
6. aquel
7. hacerme
8. apoyan
9. podré

6

1. persistente
2. monótona
3. gran
4. Inseparables
5. alejó
6. quedábamos
7. debíamos
8. aquellos
9. propias
10. empleé
11. pasábamos
12. felices
13. ese

7

1. marcharnos
2. haya
3. evitamos (evitaremos)
4. sé
5. sentado
6. moviéndose
7. conduciría
8. tomaría
9. buen
10. volverse

8

1. escuches
2. entiendes
3. repetiré (repito)
4. fuera
5. grabadas
6. perdido
7. mudarnos
8. hacer
9. sufriera

9

1. escuchar
2. esta
3. gritando
4. Oiga
5. oye
6. Continúo

7. alejar
8. pudiera
9. caminando
10. cuya
11. salvarme
12. ardiente

10

1. cubiertos
2. sería
3. planeábamos
4. estábamos
5. impidiera
6. deseada

7. anticipado
8. puse
9. siguieron
10. preparados
11. comenzar

11

1. parecen
2. primer
3. separados
4. aprendan
5. vayan

6. alguna
7. surgen
8. tales
9. abierta
10. solucionar

12

1. grises
2. había
3. venido
4. todas
5. destruyera
6. aquel

7. resultó
8. llovía (llovió)
9. ningún
10. peores
11. felices

13

1. había
2. marchitas
3. deslumbrantes
4. lejano
5. mirar
6. estaba
7. sacó
8. lograra
9. ruidosas
10. caían

14

1. graduarme
2. viviré
3. tendremos
4. nuevas
5. ha
6. exigente
7. participen
8. jugar
9. encuentre
10. esté
11. llegue

15

1. hubiera
2. sabía
3. fueran
4. hicimos (hacíamos)
5. reírnos
6. tanta
7. tardó
8. técnicos
9. tocó
10. comenzó

16

1. olvidarnos
2. mismos
3. vagábamos
4. hallamos
5. ambulante
6. subiéramos
7. oscilantes
8. eléctricos
9. obtuve
10. era
11. aquella
12. entrar
13. vio

The Tapescript for Comprensión auditiva Activities in

ABRIENDO PASO: LECTURA

Capítulo 1
El décimo

Comprensión auditiva 🎧

ΓΓΓΓΓΓΓΓΓΓΓΓΓΓΓΓΓΓΓ

La selección que vas a escuchar trata de lo que pasó con la lotería en los estados de Nueva York y Connecticut. La selección y las preguntas no están impresas en tu libro, sólo las posibles respuestas a cada pregunta. Escucha la selección y responde a las preguntas escogiendo la respuesta correcta entre las opciones impresas en tu libro.

Hace unos meses los oficiales del Departamento de Transporte notaron un inexplicable aumento en el tráfico en varias de las ciudades cerca de la línea divisoria entre los estados de Nueva York y Connecticut. Generalmente el tráfico entre los dos estados aumenta durante los fines de semana, pero este día era un miércoles, y esto intrigaba mucho a los policías que patrullaban las carreteras. No fue hasta que uno de ellos compró un periódico local que se enteró que el premio gordo de la lotería de Nueva York había aumentado a un récord de casi cien millones de dólares. Por esta razón la gente del estado de Connecticut venía a las tiendas de Nueva York a comprar billetes de la lotería. Aunque esta popularidad en el juego les agrada a los oficiales de la lotería, al mismo tiempo les preocupa. Esta preocupación se debe a que muchas personas, generalmente las que no tienen suficientes medios económicos, gastan demasiado dinero en billetes de la lotería para aumentar la posibilidad de ganar. Una vez que los números ganadores son seleccionados muchas de estas personas caen en un agudo estado de depresión ya que sus esperanzas han sido defraudadas y de repente se dan cuenta de que han gastado sus ahorros en un juego que en general no ofrece ninguna garantía y muy pocas posibilidades de ganar.

Número 1 ¿Qué vieron aumentar los oficiales del Departamento de Transporte?

Número 2 ¿Cuándo se enteró un policía de lo que pasaba?

Número 3 ¿Qué les preocupa a los oficiales de la lotería?

Número 4 ¿Cómo se sienten muchas personas después de que los números son seleccionados?

Capítulo 2
Ríete con ellos, no de ellos

Comprensión auditiva 🎧

ΓΓΓΓΓΓΓΓΓΓΓΓΓΓΓΓΓΓ

A continuación vas a escuchar varias conversaciones o partes de conversaciones. En tu libro tienes impresas cuatro opciones para cada conversación. Después de escuchar cada conversación, escoge la respuesta que continúa la conversación de la manera más lógica.

Escucha esta conversación entre una madre y su hijo.

—Mami, ¿por qué papi siempre me toma el pelo?

—No te preocupes. Él lo hace porque te quiere mucho.

—Pero me molesta. No sé cuándo habla en serio y cuándo en broma.

Selección número 2

Escucha la siguiente conversación entre los padres de Emilia y Miguel.

—(*Father, frustrated*) Ay, no... Mira esta mancha. ¿Cuándo van a aprender los niños que no deben traer comida a la sala?

—(*Mother, also a bit frustrated*) No sé, no sé. Parece que no les importa lo que les decimos.

—(*Father, in a loud voice, calling*) Emilia, Miguel...

Selección número 3

Escucha esta conversación entre un padre y su hijo.

—(*Father, consoling*) Pobrecito. ¿Qué te pasa? Ven acá.

—(*Child, crying*) Es que mi profesora se burló de mí en clase hoy y todos los otros chicos se rieron también.

—No te preocupes. Yo hablaré con la profesora.

Capítulo 3
Nostros, no

Comprensión auditiva

A continuación vas a escuchar una selección sobre un nuevo informe de las Naciones Unidas que afecta a los habitantes de Europa y América del Norte. La selección y las preguntas no están impresas en tu libro, sólo las posibles respuestas a cada pregunta. Escucha la selección y responde a las preguntas escogiendo la respuesta correcta entre las opciones impresas en tu libro.

Las Naciones Unidas advirtieron que, por primera vez en la historia, el número de ancianos comenzará a superar el de los niños en Europa y América del Norte. Esta situación traerá grandes problemas financieros que durarán hasta más allá del siglo XXI. Según el informe, la cantidad de personas ancianas en estas dos regiones se duplicó en los últimos 40 años, de unos 90 millones en 1950 a 185 millones en la actualidad; y para el año 2025 esta cifra aumentará a más de 310 millones de ancianos. Los problemas financieros serán causados si estas naciones se comprometen a mantener los actuales niveles de atención de la salud y previsión social que existen hoy. Los servicios que estos países proveen hoy en día fueron implementados sin tomar en cuenta la información que tenemos disponible a través de este estudio. Si no hay cambios en los sistemas sociales y económicos, la calidad de vida y casi todos los otros aspectos sociales se verán gravemente afectados.

Número 1 ¿Qué tipo de problemas causará la situación que se discute en esta selección?

Número 2 Según la información, ¿qué sabemos sobre el número de ancianos?

Número 3 ¿Cuántos ancianos habrá para el año 2025?

Número 4 ¿Qué deben hacer estos países para evitar el problema?

Capítulo 4
Me llamo Rigoberta Menchú
y así me nació la conciencia

Comprensión auditiva 🔊
¡¡¡¡¡¡¡¡¡¡¡¡¡¡¡¡¡¡¡¡

A continuación vas a escuchar un reporte de la radio sobre una votación en Guatemala. La selección y las preguntas no están impresas en tu libro, sólo las posibles respuestas a cada pregunta. Escucha la selección y responde a las preguntas escogiendo la respuesta correcta entre las opciones impresas en tu libro.

Una de las últimas oportunidades que tuvieron los guatemaltecos para participar en una votación sobre reformas constitucionales en Guatemala no tuvo el éxito que se esperaba. La mayoría de los campesinos, ladinos e indígenas no fue a las urnas, y este abstencionismo alarmante contribuyó a que el evento fuera un gran fracaso. Entre las razones por las cuales tan pocas personas participaron están: el temor, la falta de transporte y la falta de información. En algunas regiones del país, la situación era tensa. Por ejemplo, en La Reforma, San Marcos, a causa de los enfrentamientos entre el Ejército y la guerrilla, hubo varios muertos y tuvieron que aumentar el número de policías par dar seguridad al electorado. Eso hizo que se redujera el número de votantes, pues la mayoría optó por no acudir a los centros para votar. En la capital las votaciones se ejecutaron con normalidad, con excepción de algunos casos aislados.

En conclusión, la ausencia de votantes alcanzó un ochenta y dos por ciento, lo que demuestra que la situación en el país no permite que los ciudadanos participen en el sistema.

Número 1 ¿Cuál no fue una de las razones por las cuales la gente no votó?

Número 2 ¿Cómo fue la votación en la capital?

Número 3 ¿Qué pasó en La Reforma?

Número 4 ¿Cuál fue el por ciento de personas que no votó?

Capítulo 5
Jacinto Contreras recibe su paga extraordinaria

Comprensión auditiva 🔊
¡¡¡¡¡¡¡¡¡¡¡¡¡¡¡¡¡¡¡¡

La selección que vas a escuchar trata de una celebración. La selección y las preguntas no están impresas en tu libro, sólo las posibles respuestas a cada pregunta. Escucha la selección y responde a las preguntas escogiendo la respuesta correcta entre las opciones impresas en tu libro.

¡Qué temporada más bonita! La ciudad resplandece con luces. Se ve la alegría en las caras de los niños que anticipan ansiosamente la llegada del día especial. Por todas partes se oye la música de fiesta. Las tiendas y los edificios están adornados, contribuyendo al ambiente de alegría. Pero, a pesar de toda esta alegría, hay que recordar que también hay tristeza. Mucha gente no podrá divertirse: los desempleados, los enfermos, los huérfanos, los pobres. Hay gente sin familia, sin amigos.

Al mismo tiempo, lo que satisface más que nada, lo que alegra mucho, es la bondad, la generosidad que se muestra en las acciones de mucha gente. Los que pueden, regalan a los desafortunados, dan de comer a los que tienen hambre, visitan a los ancianos, recuerdan —y ésta es la palabra clave— recuerdan a los otros. Ellos son los representantes verdaderos del significado de la temporada. Cuando cada persona deje de pensar en sí misma y comience a pensar en otros, bueno, entonces el mundo llegará a ser un lugar mejor para todos.

Número 1 ¿Qué celebración se describe en la selección?

Número 2 Según la selección, ¿qué satisface más que nada?

Número 3 ¿Cuáles son los verdaderos representantes de la temporada?

Capítulo 6
Baby H.P.

Comprensión auditiva

La selección que vas a escuchar es un comentario de la radio acerca de la tecnología. La selección y las preguntas no están impresas en tu libro, sólo las posibles respuestas a cada pregunta. Escucha la selección y responde a las preguntas escogiendo la respuesta correcta entre las opciones impresas en tu libro.

Queridos oyentes... amigos míos. Uds. ya saben muy bien que los adelantos tecnológicos siguen inundándonos. Cada semana hay algo nuevo en el mercado que va a revolucionar nuestra vida. El modelo de computadora que salió hace dos años ya está pasado de moda. No sirve para nada... si Ud. cree la publicidad. Y cada invención es el milagro que nos librará de nuestras labores cotidianas. ¡Basta! ¿Cuándo vamos a darnos cuenta de que esta tecnología —estas respuestas a nuestros problemas— no nos facilitan el modo de vivir? Sí, hacen la vida más rápida, pero... ¿es eso un adelanto? ¿un beneficio? La verdad es que a mí me gusta más el paso lento. Tener tiempo para reflexionar. Claro, no queremos volver a los tiempos prehistóricos, pero es preciso, a mi parecer, que observemos, que estudiemos la ruta que tomamos. Realmente hay dos preguntas: primero, ¿adónde vamos? y segundo, ¿cómo llegaremos allí?

Número 1 ¿Qué le molesta al comentador?

Número 2 ¿Qué piensa el comentador acerca de las computadoras?

Número 3 ¿Qué quisiera el comentador?

Capítulo 7
El árbol de oro

Comprensión auditiva

Escucha la selección sobre los cuentos de hadas. La selección y las preguntas no están impresas en tu libro, sólo las posibles respuestas a cada pregunta. Escucha la selección y responde a las preguntas escogiendo la respuesta correcta entre las opciones impresas en tu libro.

Los cuentos de hadas, o sea, los cuentos como "Hansel y Gretel", "El mago de Oz" o "Blancanieves", se han convertido en un tema muy controversial dentro del campo de la educación infantil. Expertos en este campo siempre han mantenido que estos cuentos ayudan a que los niños empiecen a desarrollar mecanismos de defensa para situaciones que más tarde van a enfrentar en su vida. Sin duda alguna, estos cuentos también los ayudan a asegurarse de que los problemas y las situaciones difíciles pueden ser resueltos y pueden terminar felizmente.

Al mismo tiempo, es importante que los padres observen detalladamente a sus hijos y decidan si ellos deben oír o leer estos cuentos. Los niños más sensibles tendrán problemas enfrentando algunos de los temas, como la tristeza, la crueldad y los incidentes peligrosos. Los niños deben saber la diferencia entre la fantasía y la realidad, y los padres deben leer estos libros de antemano y estar preparados para discutir con sus hijos lo que sucede en ellos. Es importante aclararles las dudas que tengan, explicarles los estereotipos, y asegurarles que ellos entiendan que estos libros fueron escritos muchos años atrás y que las ideas han cambiado desde entonces. Lo importante es que exista un diálogo con sus hijos, y al mismo tiempo compartir con ellos material de lectura que sea variado y que ofrezca un balance entre la fantasía y la realidad.

Número 1 ¿Cómo pueden ser beneficiosos los cuentos de hadas para los niños?

Número 2 ¿Qué deben hacer los padres antes de leer estos libros a los niños?

Número 3 ¿Qué explicación les podemos dar a los niños sobre los estereotipos que aparecen en los cuentos?

Número 4 ¿Qué sugerencia se le da a los padres?

Capítulo 8
Los empresarios

Comprensión auditiva

Selección número 1

Vas a escuchar una conversación entre Luz y un amigo. El diálogo y las preguntas no están impresos en tu libro, sólo las posibles respuestas a cada pregunta. Escucha la conversación y responde a las preguntas escogiendo la respuesta correcta entre las opciones impresas en tu libro.

—¿Por qué andas tan enojada, Luz?

—Estoy muy triste con Juan. ¿Sabes lo que hizo?

—No, debe ser algo muy serio. Ayer Uds. estaban muy contentos.

—Pues, hoy es su cumpleaños y le envié una tarjeta por correo. Cuando le pregunté si la había recibido me dijo que no estaba seguro.

—¿Cómo que no estaba seguro?

—Es que recogió el correo y pensó que eran anuncios de publicidad y lo echó todo a la basura.

—Ése es un error muy común. Ya sabes que la mayoría de las cartas que recibimos son de publicidad.

—Tienes razón, no debo ser tan incomprensiva. Después de todo, es su cumpleaños.

—Pues, vamos a la tienda y compremos otra tarjeta. Más bien dos, tú le compras una y yo otra.

—De acuerdo. Se pondrá muy contento.

Número 1 ¿Qué le pasa a Luz?

Número 2 ¿Qué hizo Juan con la tarjeta?

Número 3 ¿Por qué perdona Luz a Juan?

Selección número 2

Escucha ahora el siguiente anuncio de la radio. El anuncio y las preguntas no están impresos en tu libro, sólo las posibles respuestas a cada pregunta. Escucha el anuncio y responde a las preguntas escogiendo la respuesta correcta entre las opciones impresas en el libro.

¿Tiene Ud. problemas con su cuarto de baño? ¿Lo encuentra mohoso? ¿Está el piso maloliente? Estos problemas son causados por la humedad constante. Pruebe el nuevo limpiador Brillante. Brillante es el nuevo limpiador que deja su baño reluciente y con una fragancia agradable. Brillante no es como los otros limpiadores disponibles. Úselo hoy mismo y se dará cuenta de que la fragancia y el brillo duran por más de una semana. Brillante está disponible en diferentes fragancias: primavera, brisa marítima, limón y pino. Además, si Ud. es un buen consumidor podrá comprobar que un paquete gigante es mucho más económico y le dura por más tiempo. Brillante, el olor y el brillo que su cuarto de baño se merece.

Número 1 ¿Para qué se puede usar este producto?

Número 2 ¿Qué tipo de producto se anuncia?

Número 3 ¿Cuál es una ventaja de este producto?

Capítulo 9
Al colegio (Estampa)

Comprensión auditiva

Vas a escuchar una selección sobre las experiencias de los niños. La selección y las preguntas no están impresas en tu libro, sólo las posibles respuestas a cada pregunta. Escucha la selección y responde a las preguntas escogiendo la respuesta correcta entre las opciones impresas en tu libro.

Por muchos años, los expertos han pasado por alto el efecto que el estilo de vida moderna tiene en los niños. Hoy día se empiezan a publicar resultados de estudios que indican claramente que los niños, tanto como los adultos, tienen presiones y ansiedades que les trae la sociedad moderna. Pero los niños están en desventaja, ya que su falta de experiencia no les permite usarla para resolver la ansiedad que puedan sentir, como lo hacen los adultos. Cuando la ansiedad se vuelve demasiado intensa, el niño puede mostrar síntomas muy visibles, como dolores de cabeza, trastornos digestivos, pesadillas y hasta pueden llorar explosivamente. Pero muchas veces los síntomas no son tan obvios, y los adultos no se dan cuenta o no quieren admitir que la ansiedad es su causa. Es importante notar que hasta los bebés recién nacidos están expuestos a la ansiedad. Esta condición puede ser causada por cambios en la forma en que son alimentados, o vestidos, entre otras cosas. Cuando los padres trabajan fuera de la casa, esta situación contribuye a que el bebé se sienta incómodo en los brazos de personas desconocidas, por ejemplo. Es importante que los padres estén al tanto de las posibles tensiones que puedan causar ansiedad en sus hijos y evitar los cambios constantes, especialmente los cambios bruscos.

Número 1 ¿A qué no se le ha prestado mucha atención por mucho tiempo?

Número 2 Según la narración, ¿cuál es una de las desventajas que tienen los niños?

Número 3 Según la narración, ¿qué causa trastornos en los bebés?

Número 4 ¿Qué deben evitar los padres?

Capítulo 10
La amistad en Norteamérica

Comprensión auditiva
▌▌▌▌▌▌▌▌▌▌▌▌▌▌▌▌▌▌▌▌

A continuación vas a escuchar dos conversaciones o partes de conversaciones. En tu libro tienes impresas cuatro opciones para cada conversación. Después de escuchar cada conversación, escoge la respuesta que continúa la conversación de la manera más lógica.

Selección número 1

Escucha a un conductor de un autobús hablando con sus pasajeros.

[*Pause*]

Buenos días. Pasen Uds. al fondo del autobús, por favor. Como Uds. pueden ver el autobús está lleno, como lo está siempre a esta hora. Si algunos pasajeros no pasan al fondo, no podrán subir los otros pasajeros. Cabrán unos cuantos más si colaboramos. Pero si Uds. no se mueven, yo no voy a poner en marcha este autobús. Nos quedaremos aquí hasta que haya lugar para la gente que espera en la acera.

Selección número 2

Dos mujeres se conocen en un congreso e inician una conversación.

[*Pause*]

—Mucho gusto. Me llamo Ana Torres.
—Encantada de conocerla. Mi nombre es Bárbara Pardo.
—¿Es la primera vez que visita la ciudad?
—No. Ya hace algunos años que vengo a este congreso.
—Ud. conocerá a mucha gente aquí, entonces, ¿verdad?
—Sí, conozco a varios, pero no nos vemos nunca fuera del congreso.

Capítulo 11
Una semana de siete días

Comprensión auditiva

Ahora vas a escuchar una selección sobre la situación de los niños en muchas partes del mundo. La selección y las preguntas no están impresas en tu libro, sólo las posibles respuestas a cada pregunta. Escucha la selección y responde a las preguntas escogiendo la respuesta correcta entre las opciones impresas en tu libro.

Todos los niños deben tener la posibilidad de crecer saludables en un ambiente seguro, con el apoyo de sus familias y otras personas a cargo de su bienestar. El darles una educación es sin duda uno de los aspectos más importantes, para prepararlos a que lleven una vida responsable y para que no sean una carga para la sociedad en que viven. Sin embargo, estudios recientes han indicado que la situación de la población infantil del mundo es alarmante. Algunos resultados de los estudios indican que unos cien millones de niños viven en las calles y como consecuencia no tienen acceso a la educación. Otros ciento cincuenta y cinco millones de niños menores de cinco años viven en la pobreza absoluta. Cada día cuarenta mil niños mueren de desnutrición y de otras enfermedades, incluyendo el SIDA, por falta de agua limpia, de higiene o por causa de las drogas. Irónicamente, el resolver estos problemas sería relativamente barato. La vacunación, o sea, las inyecciones que inmunizan para prevenir muchas de las graves enfermedades que causan la mortandad infantil, cuestan menos de un dólar y medio cada una, (un tratamiento de antibióticos cuesta un dólar) e incluso la desnutrición podría ser reducida de forma drástica por un costo inferior a diez dólares por niño por año. Pero además de dinero se necesita voluntad. Si los países no se comprometen a luchar contra estos males de una manera sistemática y constante, el problema no mejorará y la lucha nunca se podrá ganar.

Número 1 Según la selección, ¿cuál es la situación de unos cien millones de niños del mundo?

Número 2 ¿Qué es lo irónico acerca de la situación discutida en esta selección?

Número 3 Además del dinero, ¿qué se necesita para mejorar la situación?

Capítulo 12
La CIM: Paladín de los derechos humanos de la mujer

Comprensión auditiva

La selección que vas a escuchar trata de un nuevo fenómeno en las universidades estadounidenses, específicamente en las universidades que son exclusivamente para mujeres. La selección y las preguntas no están impresas en tu libro, sólo las posibles respuestas a cada pregunta. Escucha la selección y responde a las preguntas escogiendo la respuesta correcta entre las opciones impresas en tu libro.

Las universidades exclusivamente para mujeres han tenido un renacimiento en los últimos años en los Estados Unidos, en parte a causa de la polémica sobre el acoso sexual y la persistencia de la discriminación por sexo. Según un estudio publicado por el diario *The New York Times,* el número de matrículas en esas instituciones ha aumentado en un 14 por ciento desde 1991 y ha aumentado de 82,500 estudiantes en 1981 a alrededor de 98,000.

Muchas de las mujeres que eligen estudiar en una universidad exclusivamente para estudiantes del sexo femenino consideran que en los centros mixtos no recibirán la misma atención de los profesores, que según ellas dan mayor importancia a la formación de los hombres. El resultado de esa teoría es que las mujeres que salen de una universidad mixta están menos preparadas que sus compañeros del sexo masculino y, consecuentemente, tienen menos oportunidades en el mercado del trabajo. Las que apoyan las universidades para mujeres citan como ejemplo los casos de las mujeres que recientemente han sido elegidas como senadoras en el Senado de los Estados Unidos, y a la primera dama, Hillary Rodham Clinton, quienes están llevando la voz femenina al lugar donde nacen las leyes que las afectan. Muchas de ellas se graduaron de este tipo de universidades.

El problema ahora es la enorme cantidad de solicitudes de matrícula que inunda las universidades para mujeres. Hoy día, el trabajo de los que están encargados de las oficinas de admisión se hace cada vez más difícil, debido a la feroz competencia para adquirir matrícula en estas universidades.

Número 1 ¿Qué piensan muchas mujeres acerca de las universidades mixtas?

Número 2 ¿Qué considera más importante el profesorado de las universidades con estudiantes de ambos sexos?

Número 3 ¿Qué se ha visto últimamente en el Senado de los Estados Unidos?

Número 4 ¿Qué problemas tienen ahora las universidades para mujeres?

Capítulo 13
Dos caras

Comprensión auditiva

Selección número 1

Vas a escuchar una selección sobre autoestima en los niños. La selección y las preguntas no están impresas en tu libro, sólo las posibles respuestas a cada pregunta. Escucha la selección y responde a las preguntas escogiendo la respuesta correcta entre las opciones impresas en tu libro.

Uno de los problemas que los niños pueden enfrentar después de los primeros años en la escuela es el problema de la falta de autoestima. La autoestima es la confianza en las habilidades propias. Muchos estudios han demostrado que generalmente los niños se sienten seguros de sí mismos más o menos hasta los nueve años. Desafortunadamente, en el período entre la escuela primaria y la escuela secundaria, muchos niños y niñas empiezan a perder su autoestima. Este cambio es más agudo en las niñas que en los niños, y el resultado es que muchas veces las niñas se vuelven inseguras y esto puede afectar su vida futura. Durante mucho tiempo se pensó que los amigos de los niños y sus compañeros de clase eran los que más influían en el desarrollo de la autoestima. Sin embargo, estudios recientes indican que son los padres los que tienen más influencia en el desarrollo de la autoestima. Es muy importante que los padres y los otros adultos con quienes el niño o la niña tenga contacto los hagan sentirse orgullosos de su trabajo alabándolos, felicitándolos y expresándoles que son competentes y apreciados. Aunque los niños no sean competentes en todas las actividades, en aquéllas donde ellos demuestren interés y habilidad, el alabarlos los ayudará a sentirse más exitosos y seguros en sus aspiraciones.

Número 1 ¿Cuándo empiezan a perder la autoestima los niños?

Número 2 ¿Quiénes tienen más influencia en la autoestima de los niños?

Número 3 ¿Qué es importante en el desarrollo de los niños?

Selección número 2

Escucha la siguiente selección sobre un artículo en el cual se discute la relación entre algunos miembros de una familia.

Hace unos meses en un artículo de la revista *Ser padres*, la escritora Josie Mejía discutió su relación con su hermana. A pesar de que casi siempre decía que ambas tenían poco en común, no se dio cuenta de la unión que existía entre ellas hasta el día de la boda de su hermana. Fue entonces que descubrió que el matrimonio de su hermana representaba que nunca más estarían juntas y que su vida como había sido hasta ese día cambiaría para siempre. Durante los años que siguieron el matrimonio sus vidas se distanciaron mucho más. Luego al enfermarse su madre, ellas se vieron de nuevo unidas y el apoyo mutuo que se dieron a causa de los problemas que trajo la mala salud de su madre las hizo aprender lo que es una hermana en realidad. Aquellas diferencias que ella encontraba cuando eran pequeñas no eran de importancia alguna, lo importante era "una unión secreta imposible de compartir con nadie más". No es hasta ahora que la señora Mejía se ha dado cuenta de que ellas en realidad tienen más en común que diferencias y las dos celebran la hermandad y la amistad que existe entre ellas.

Número 1 ¿Cuál es el tema de esta selección?

Número 2 ¿Qué descubrió la escritora el día de la boda de su hermana?

Número 3 ¿De qué se ha dado cuenta la Señora Mejía?

Capítulo 14
Jaque mate en dos jugadas

Comprensión auditiva 🎧
||||||||||||||||||||||

Ahora vas a escuchar un diálogo entre Pablo y Marta acerca de una película que acaban de ver. La selección y las preguntas no están impresas en tu libro, sólo las posibles respuestas a cada pregunta. Escucha el diálogo y responde a las preguntas escogiendo la respuesta correcta entre las opciones impresas en tu libro.

—Pablo, ¿viste la película que te recomendé?
—Por supuesto. Anoche la vi con mi esposa y los niños. ¡Qué final!
—El director es famoso por lo inesperado... la sorpresa.
—Bueno, yo no supe hasta el final que el mayordomo había envenenado al inspector.
—¡Oye, no! Él murió de un tiro. Por eso fue que la policía quería saber quién era el dueño del revólver.
—Lo siento Marta, pero te has equivocado. Cuando ellos regresaron de las carreras de caballos, el mayordomo puso unas gotas de veneno en la limonada y eso fue lo que lo mató.
—Pero, ¿no recuerdas que cuando terminó de beber fue a su cuarto y se oyeron unos disparos?
—Sí, pero eran los sobrinos que estaban cazando en el bosque.
—Bueno, parece que yo confundí todo. Quizás me haya quedado dormida.

—No seas sarcástica. Para mí todo estuvo muy claro.

—En ese caso, el director ha demostrado lo bueno que es. Tendremos que ver la película de nuevo y ver quién tiene razón.

Número 1 ¿Con quién vio Pablo la película?

Número 2 Según Pablo, ¿cómo murió el inspector?

Número 3 ¿Qué oyeron cuando el inspector fue al cuarto?

Número 4 Según Marta, ¿por qué no sabe ella lo que pasó?

Número 5 ¿Qué sugiere Marta al final del diálogo?

Capítulo 15
La venda

Comprensión auditiva

La selección que vas a escuchar trata de un interesante festival de teatro. La selección y las preguntas no están impresas en tu libro, sólo las posibles respuestas a cada pregunta. Escucha la selección y responde a las preguntas escogiendo la respuesta correcta entre las opciones impresas en tu libro.

Recientemente el Instituto Internacional de Teatro organizó en Santiago de Chile el Festival de Teatro de las Naciones. Unas 40 compañías de 31 países participaron en un extenso programa de conferencias, debates, talleres y, por supuesto, presentaciones teatrales. Entre las presentaciones que merecen ser mencionadas está la que aportó Grecia: un oratorio titulado *Canto general*, basado en un famoso poema del escritor chileno Pablo Neruda. Es interesante el hecho de que esta obra debía haber sido presentada en Chile en 1973, pero debido al golpe militar la presentación no se pudo llevar a cabo. Ahora que el ambiente democrático prevalece en Chile, finalmente se ha podido disfrutar de la obra. España estuvo presente con la obra *La noche mágica*, basada en la música de marchas religiosas. Fue presentada al aire libre, con fuegos artificiales y una música que hizo a los espectadores bailar como en un alegre carnaval en el parque Almagro. Sin duda alguna este evento, que duró unos doce días, quedará en el recuerdo de los chilenos por mucho tiempo. Las naciones representadas se vieron unidas en un ambiente de hermandad a través del teatro.

Número 1 ¿En qué se basa el oratorio *Canto general*?

Número 2 ¿Por qué no se pudo presentar la obra en 1973?

Número 3 ¿En qué está basada la obra *La noche mágica*?

Número 4 ¿Dónde fue presentada la obra *La noche mágica*?

Número 5 ¿Cuánto tiempo duró el Festival del Teatro?

Capítulo 16
La viuda de Montiel

Comprensión auditiva 🎧
‖‖‖‖‖‖‖‖‖‖‖‖‖‖‖‖‖‖

Ahora vas a escuchar una selección sobre la situación económica de Latinoamérica. La selección y las preguntas no están impresas en tu libro, sólo las posibles respuestas a cada pregunta. Escucha la selección y responde a las preguntas escogiendo la respuesta correcta entre las opciones impresas en tu libro.

Durante la década de los años ochenta la economía latinoamericana recibió un gran golpe debido a su deuda externa. En la década actual esta crisis existente ha ido mejorando; ya se puede ver cómo los precios se van estabilizando y tanto la actividad económica como la inversión extranjera van en aumento. Aunque las estadísticas ofrecen indicios claros de una recuperación, muchos aún se preocupan de que este desarrollo no se pueda mantener por mucho tiempo. Para lograr el continuo desarrollo, los diferentes gobiernos latinoamericanos han estado estableciendo medidas de inversión y ahorro. Aunque la inversión extranjera continúa creciendo, el ahorro interno juega un papel importantísimo, ya que en el pasado la falta de ahorros ha contribuido a la deuda externa y al fracaso de la economía de muchos de los países en esta región. Sin duda alguna los errores del pasado han enseñado una buena lección que permitirá que el desarrollo económico no sea algo temporero, sino un crecimiento que dure mucho tiempo.

Número 1 Según la selección, ¿cuál es la situación económica de Latinoamérica?

Número 2 ¿Por qué están preocupadas muchas personas?

Número 3 Según la selección, ¿qué aspecto juega un papel importantísimo en la economía?

Número 4 ¿Cuál ha sido una buena lección para los países latinoamericanos?

Capítulo 17
Casa tomada

Comprensión auditiva 🎧
‖‖‖‖‖‖‖‖‖‖‖‖‖‖‖‖‖‖

La selección que vas a escuchar trata de un nuevo libro de cuentos de misterio. La selección y las preguntas no están impresas en tu libro, sólo las posibles respuestas a cada pregunta. Escucha la selección y responde a las preguntas escogiendo la respuesta correcta entre las opciones impresas en tu libro.

El escritor cubano Luis Ángel Casas acaba de publicar una nueva colección de cuentos a través de los cuales nos trata de transportar a un mundo fantástico, lleno de misterio y horror. Uno de los aspectos interesantes de los cuentos es que su autor convierte cosas ordinarias en elementos extravagantes que causan catástrofes y que muchas veces llevan a la locura. En uno de los cuentos, "Escapado de la tumba", el personaje principal se encuentra en una pesadilla donde la realidad y la fantasía se mezclan constantemente.

Este joven sueña repetidamente que ha matado a alguien y que la justicia lo persigue. Aunque al principio es sólo un sueño, eventualmente el sueño se convierte en realidad. Más tarde el hombre a quien supuestamente ha asesinado se escapa de la tumba. Lo demás no es justo decirlo, pues si Ud. se entusiasma a leer el libro, no se lo queremos echar a perder. La crítica ha sido un poco negativa, indicando que estos cuentos, aunque tienen valor, no han alcanzado el éxito total debido a que son demasiado cortos. El autor no ha desarrollado lo suficiente los personajes y la acción.

> **Número 1** ¿Qué trata de hacer el escritor con sus cuentos?
>
> **Número 2** ¿Qué le sucede al personaje principal de un cuento?
>
> **Número 3** ¿Por qué no ha sido positiva la crítica?

Capítulo 18
Espuma y nada más

Comprensión auditiva 🎧
﹗﹗﹗﹗﹗﹗﹗﹗﹗﹗﹗﹗﹗﹗﹗

Ahora vas a escuchar un diálogo entre Emilio y Elena, una pareja que está haciendo los quehaceres de la casa. La selección y las preguntas no están impresas en tu libro, sólo las posibles respuestas a cada pregunta. Escucha la selección y responde a las preguntas escogiendo la respuesta correcta entre las opciones impresas en tu libro.

—¿Dónde pusiste las sábanas, Elena?
—Las puse en el patio. Estaban empapadas y, como hace sol, allí se van a secar mejor.
—¿Las quieres volver a poner en la cama cuando se sequen?
—No, mejor ponemos otras. Éstas se pueden guardar en uno de los cajones del ropero, junto con las fundas.

[*Pause*]

—¿Y esa toalla? ¿Por qué está mojada?
—Porque por la mañana la mojo con agua tibia y me cubro el rostro con ella. Luego me pongo un poco de crema para que no se me reseque tanto la piel.
—Buena idea. Yo debería hacer lo mismo. Siempre tengo la piel de la cara resequísima. Creo que se debe a que me tengo que afeitar todos los días. Ahora lo que trato de hacer es no afeitarme los fines de semana.
—Nunca he podido comprender cómo los hombres que se afeitan todos los días no se destruyen la piel.
—La única opción que tenemos es dejarnos crecer la barba, y ya me has dicho que a ti no te gustaría que yo me dejara crecer la barba.

> **Número 1** ¿Qué hizo Elena con las sábanas?
>
> **Número 2** ¿Qué problema tiene Emilio?
>
> **Número 3** ¿Qué tiene que hacer Emilio todos los días?
>
> **Número 4** ¿Qué no le gusta a Elena?

Capítulo 19

Emma Zunz

Comprensión auditiva 🎧

Ahora vas a escuchar un cuento corto sobre un hombre que vivía solo y su experiencia con un ladrón. La selección y las preguntas no están impresas en tu libro, sólo las posibles respuestas a cada pregunta. Escucha la selección y responde a las preguntas escogiendo la respuesta correcta entre las opciones impresas en tu libro.

En un pequeño pueblo de Nicaragua, Roberto, un hombre viejo de negocios, se recostó en su silla favorita en un cuarto de su casa. Unos minutos más tarde vio la sombra de un hombre que trataba de abrir la caja fuerte. En esa caja fuerte era donde Roberto tenía guardados todos sus ahorros. De repente miró los retratos que colgaban de la pared y recordó los días felices con su familia. Se mordió los labios para no decir nada, pues no quería que el ladrón lo descubriera. Después de unos minutos no pudo resistir más y suspiró profundamente. Al oírlo, el ladrón se volvió. Roberto vio la navaja que el ladrón llevaba en la mano y comenzó a sollozar. Pensó de nuevo en los retratos y empezó a hablar en voz alta sobre su vida, las dificultades que había tenido, la muerte de su esposa y la soledad que sintió cuando sus hijos lo abandonaron. Al ladrón, que no era un hombre sin sentimientos, le empezaron a correr lágrimas por las mejillas. Sintió compasión por Roberto y decidió olvidarse de la caja fuerte. Lanzó un suspiro y salió por la misma puerta por donde había entrado.

Número 1 ¿Dónde tiene lugar este cuento?

Número 2 ¿Qué había en la caja fuerte?

Número 3 ¿Qué hizo el ladrón mientras Roberto le hablaba?

Número 4 ¿Qué hizo el ladrón al final?

The Tapescript for
Sin rodeos... Activities in
ABRIENDO PASO: GRAMÁTICA

(Unidades 1 a 6)

Unidad 1
La narración y la descripción en el pasado

Sin rodeos... 🔲
▌▐ ▌▐ ▌▐ ▌▐ ▌▐ ▌▐

You will now listen to a series of questions about your school life. You will hear each question twice. You will have 20 seconds to respond as fully as possible. Listen to the first question...

Número 1. En la escuela primaria, ¿cómo eran tus profesores? Descríbelos detalladamente.
En la escuela primaria, ¿cómo eran tus profesores? Descríbelos detalladamente.

Número 2. ¿Cómo fue tu primer día en esta clase?
¿Cómo fue tu primer día en esta clase?

Número 3. ¿Cuál fue tu clase favorita el año pasado? ¿Por qué?
¿Cuál fue tu clase favorita el año pasado? ¿Por qué?

Número 4. ¿Qué te ha enojado mucho últimamente en la escuela? Explica por qué.
¿Qué te ha enojado mucho últimamente en la escuela? Explica por qué.

Número 5. ¿Cuál fue la nota más baja que recibiste el año pasado? Explica por qué fue tan baja.
¿Cuál fue la nota más baja que recibiste el año pasado? Explica por qué fue tan baja.

You will now listen to a series of questions about your pastimes and what you do or used to do to enjoy yourself. You will hear each question twice. You will have 20 seconds to respond as fully as possible. Listen to the first question...

Número 1. Cuando eras más joven, ¿qué hacías cuando estabas aburrido o aburrida?
Cuando eras más joven, ¿qué hacías cuando estabas aburrido o aburrida?

Número 2. Describe detalladamente cómo eran las fiestas cuando eras más joven.
Describe detalladamente cómo eran las fiestas cuando eras más joven.

Número 3. ¿Quién era tu cantante favorito cuando eras más joven? Explica por qué te gustaba.
¿Quién era tu cantante favorito cuando eras más joven? Explica por qué te gustaba.

Número 4. Explica detalladamente lo que hiciste el fin de semana pasado.
Explica detalladamente lo que hiciste el fin de semana pasado.

Número 5. Explica detalladamente tus últimas vacaciones: el lugar, con quién fuiste, qué hiciste, etc.
Explica detalladamente tus últimas vacaciones: el lugar, con quién fuiste, qué hiciste, etc.

Unidad 2

La descripción de nuestros alrededores: diferencias y semejanzas

Sin rodeos...

¡¡¡¡¡¡¡¡¡¡¡¡

You will now listen to a series of questions in which you are asked to describe certain things or people in your school. You will hear each question twice. You will have 20 seconds to respond as fully as possible. Listen to the first question...

Número 1. Describe detalladamente a la persona que consideras tu mejor amigo o amiga en la escuela.

Describe detalladamente a la persona que consideras tu mejor amigo o amiga en la escuela.

Número 2. ¿Cuál es la mejor clase que tienes este semestre? ¿Por qué?

¿Cuál es la mejor clase que tienes este semestre? ¿Por qué?

Número 3. Si tus padres te dicen que tienes que escoger entre esta escuela y otra, ¿cuál escoges? Por qué?

Si tus padres te dicen que tienes que escoger entre esta escuela y otra, ¿cuál escoges? Por qué?

Número 4. ¿Te gustan los cursos que tienes este año o los que tomabas cuando eras más joven? ¿Por qué?

¿Te gustan los cursos que tienes este año o los que tomabas cuando eras más joven? ¿Por qué?

Número 5. Describe al maestro o maestra ideal.

Describe al maestro o maestra ideal.

You will now listen to a series of questions in which you are asked to express your ideas about certain topics. You will hear each question twice. You will have 20 seconds to respond as fully as possible. Listen to the first question...

Número 1. Describe tu casa o apartamento con todo detalle posible.

Describe tu casa o apartamento con todo detalle posible.

Número 2. Explica por qué te gustan o no los deportes.

Explica por qué te gustan o no los deportes.

Número 3. Explícale a un amigo o amiga lo que consideras lo más aburrido para ti.

Explícale a un amigo o amiga lo que consideras lo más aburrido para ti.

Número 4. Describe el pueblo o ciudad ideal en que te gustaría vivir.

Describe el pueblo o ciudad ideal en que te gustaría vivir.

Número 5. Si te piden que describas el gobierno de los Estados Unidos, ¿qué dirías?

Si te piden que describas el gobierno de los Estados Unidos, ¿qué dirías?

Unidad 3
La narración y la descripción en el presente

Sin rodeos...

¡ ¡ ¡ ¡ ¡ ¡ ¡ ¡ ¡ ¡ ¡ ¡

You will now listen to a series of questions about the pastimes or activities in which you and your friends participate. You will hear each question twice. You will have 20 seconds to respond as fully as possible. Listen to the first question...

Número 1. Explícale a un amigo o amiga lo que tú haces cuando estás aburrido o aburrida.

Explícale a un amigo o amiga lo que tú haces cuando estás aburrido o aburrida.

Número 2. Describe el lugar ideal para reunirte con tus compañeros.

Describe el lugar ideal para reunirte con tus compañeros.

Número 3. Un amigo del extranjero viene a visitarte. Dile todas las actividades que Uds. pueden hacer juntos.

Un amigo del extranjero viene a visitarte. Dile todas las actividades que Uds. pueden hacer juntos.

Número 4. ¿Qué haces en tu casa para ayudar a tus padres?

¿Qué haces en tu casa para ayudar a tus padres?

Número 5. Recomiéndale a un amigo o amiga las actividades que son buenas para mantener un buen estado físico.

Recomiéndale a un amigo o amiga las actividades que son buenas para mantener un buen estado físico.

You will now listen to a series of questions in which you are asked to express your ideas about different topics. You will hear each question twice. You will have 20 seconds to respond as fully as possible. Listen to the first question...

Número 1. Explica por qué te gusta o no te gusta esta escuela.

Explica por qué te gusta o no te gusta esta escuela.

Número 2. Describe detalladamente tu clase favorita.

Describe detalladamente tu clase favorita.

Número 3. En tu opinión, ¿cuál es la profesión ideal? ¿Por qué?

En tu opinión, ¿cuál es la profesión ideal? ¿Por qué?

Número 4. ¿Por qué es una buena idea ahorrar dinero?

¿Por qué es una buena idea ahorrar dinero?

Número 5. Explica las ventajas o las desventajas de vivir solo o sola.

Explica las ventajas o las desventajas de vivir solo o sola.

Número 6. ¿Por qué no es aconsejable decir mentiras?

¿Por qué no es aconsejable decir mentiras?

Número 7. ¿Deben todos los jóvenes recibir una educación universitaria? ¿Por qué?

¿Deben todos los jóvenes recibir una educación universitaria? ¿Por qué?

Número 8. Hoy día, ¿necesitan los jóvenes más disciplina o menos? Explica por qué.

Hoy día, ¿necesitan los jóvenes más disciplina o menos? Explica por qué.

Unidad 4
Cómo expresar deseos y obligaciones

Sin rodeos...
¡ ¡ ¡ ¡ ¡ ¡ ¡ ¡ ¡ ¡ ¡ ¡

You will now listen to a series of questions in which you are asked to give advice or opinions regarding school life. You will hear each question twice. You will have 20 seconds to respond as fully as possible. Listen to the first question...

Número 1. Algunos compañeros te están molestando mientras estudias, ¿qué les dices a ellos?

Algunos compañeros te están molestando mientras estudias, ¿qué les dices a ellos?

Número 2. Convence a un amigo o amiga de que no debe copiar la tarea de otros estudiantes.

Convence a un amigo o amiga de que no debe copiar la tarea de otros estudiantes.

Número 3. Imagina que tú eres profesor o profesora, ¿qué les pides a los estudiantes que hagan?

Imagina que tú eres profesor o profesora, ¿qué les pides a los estudiantes que hagan?

Número 4. ¿Qué es necesario que tú hagas para sacar buenas notas?

¿Qué es necesario que tú hagas para sacar buenas notas?

Número 5. ¿Qué te exigen tus profesores que hagas?

¿Qué te exigen tus profesores que hagas?

You will now listen to a series of questions in which you are asked to give advice. You will hear each question twice. You will have 20 seconds to respond as fully as possible. Listen to the first question...

Número 1. Convence a un amigo o amiga para que te acompañe a ir de compras este fin de semana.

Convence a un amigo o amiga para que te acompañe a ir de compras este fin de semana.

Número 2. ¿Qué consejos le das a una persona que fuma?

¿Qué consejos le das a una persona que fuma?

Número 3. Tu mejor amiga se viste de una forma muy rara. Pídele que se vista elegantemente para una fiesta elegante.

Tu mejor amiga se viste de una forma muy rara. Pídele que se vista elegantemente para una fiesta elegante.

Número 4. Convence a un amigo o amiga para que no gaste tanto dinero.

Convence a un amigo o amiga para que no gaste tanto dinero.

Número 5. ¿Por qué es necesario que todos tengamos vacaciones?

¿Por qué es necesario que todos tengamos vacaciones?

Unidad 5
La narración y la descripción en el futuro
Cómo expresar emociones, dudas y negación

Sin rodeos...
| | | | | | | | | | | |

You will now listen to a series of questions in which you are asked to talk about events in the future with regards to your life in school now and later on. You will hear each question twice. You will have 20 seconds to respond as fully as possible. Listen to the first question...

Número 1. ¿Qué harás cuando llegues a tu casa esta tarde?

¿Qué harás cuando llegues a tu casa esta tarde?

Número 2. ¿Cómo será tu vida en la universidad? Explica con todo detalle posible.

¿Cómo será tu vida en la universidad? Explica con todo detalle posible.

Número 3. ¿Qué te sorprende más de los estudiantes de tu escuela?

¿Qué te sorprende más de los estudiantes de tu escuela?

Número 4. ¿Qué harás tan pronto como termines esta clase?

¿Qué harás tan pronto como termines esta clase?

Número 5. ¿Temes que no puedas pagar por tus estudios en la universidad? Explica por qué.

¿Temes que no puedas pagar por tus estudios en la universidad? Explica por qué.

You will now listen to a series of questions in which you are asked to express your opinion about events in the world today and in the future. You will hear each question twice. You will have 20 seconds to respond as fully as possible. Listen to the first question...

Número 1. ¿Cómo serán las ciudades del futuro?

¿Cómo serán las ciudades del futuro?

Número 2. ¿Qué harás con el dinero que has ahorrado hasta ahora?

¿Qué harás con el dinero que has ahorrado hasta ahora?

Número 3. En cuanto puedas mudarte de tu casa, ¿a dónde te mudarás? ¿Por qué?

En cuanto puedas mudarte de tu casa, ¿a dónde te mudarás? ¿Por qué?

Número 4. ¿Dudas que pueda haber paz en el mundo? ¿Por qué?

¿Dudas que pueda haber paz en el mundo? ¿Por qué?

Número 5. ¿Te parece mentira que haya tantos escándalos en nuestra sociedad? Explica.

¿Te parece mentira que haya tantos escándalos en nuestra sociedad? Explica.

Unidad 6
La narración y la descripción más detallada en el pasado

Sin rodeos...

You will now listen to a series of questions in which you are asked to discuss different topics. You will hear each question twice. You will have 20 seconds to respond as fully as possible. Listen to the first question...

Número 1. ¿Cómo esperabas que fuera tu vida en la escuela secundaria?

¿Ha sido muy diferente de lo que esperabas?

¿Cómo esperabas que fuera tu vida en la escuela secundaria?

¿Ha sido muy diferente de lo que esperabas?

Número 2. Si pudieras cambiar algún aspecto de la escuela, ¿qué cambiarías? ¿Por qué?

Si pudieras cambiar algún aspecto de la escuela, ¿qué cambiarías? ¿Por qué?

Número 3. A uno de tus amigos o amigas le acaban de decir que tiene que repetir un curso. ¿Qué hubiera podido hacer él o ella para salir bien?

A uno de tus amigos o amigas le acaban de decir que tiene que repetir un curso. ¿Qué hubiera podido hacer él o ella para salir bien?

Número 4. Tu mejor amigo está enfermo y no puede ir a la fiesta más importante del año. ¿Qué le dirías para consolarlo?

Tu mejor amigo está enfermo y no puede ir a la fiesta más importante del año. ¿Qué le dirías para consolarlo?

Número 5. Explica detalladamente por qué fuiste a ver a tu consejero o consejera la última vez.

Explica detalladamente por qué fuiste a ver a tu consejero o consejera la última vez.

Número 6. Imagina que la semana pasada no hiciste la tarea. ¿Qué le hubieras dicho al profesor?

Imagina que la semana pasada no hiciste la tarea. ¿Qué le hubieras dicho al profesor?

You will now listen to a series of questions in which you are asked to discuss different topics. You will hear each question twice. You will have 20 seconds to respond as fully as possible. Listen to the first question...

Número 1. Una amiga fue a la playa y cuando llegó, empezó a llover. ¿Qué debería haber hecho antes de salir?

Una amiga fue a la playa y cuando llegó, empezó a llover. ¿Qué debería haber hecho antes de salir?

Número 2. Si pudieras escoger el lugar ideal para pasar tus vacaciones, ¿qué lugar escogerías? ¿Por qué?

Si pudieras escoger el lugar ideal para pasar tus vacaciones, ¿qué lugar escogerías? ¿Por qué?

Número 3. Un policía te detiene en la carretera porque vas conduciendo a mucha velocidad. ¿Qué le dirías?

Un policía te detiene en la carretera porque vas conduciendo a mucha velocidad. ¿Qué le dirías?

Número 4. Si le quisieras dar una fiesta de sorpresa a un amigo o amiga, ¿qué harías para que él o ella no lo supiera?

Si le quisieras dar una fiesta de sorpresa a un amigo o amiga, ¿qué harías para que él o ella no lo supiera?

Número 5. Si pudieras hacer algo para evitar que hubiera tanto crimen, ¿qué harías? ¿Por qué?

Si pudieras hacer algo para evitar que hubiera tanto crimen, ¿qué harías? ¿Por qué?

Número 6. ¿Qué harías si pudieras ser alcalde o alcaldesa del lugar donde vives?

¿Qué harías si pudieras ser alcalde o alcaldesa del lugar donde vives?

Número 7. Si tuvieras tiempo para ayudar a las personas sin casa, ¿qué harías? ¿Por qué?

Si tuvieras tiempo para ayudar a las personas sin casa, ¿qué harías? ¿Por qué?

The Answer Key for Comprensión auditiva Tapescript Exercises and Other Selected Activities in ABRIENDO PASO: LECTURA

Capítulo 1
El décimo

p. 7 C. En contexto

1. f	2. j	3. a	4. h	5. i
6. b	7. d	8. e	9. g	10. c

p. 8 E. Al punto

1. b	2. d	3. b	4. a	5. c
6. a	7. b	8. c	9. d	

p. 15 Comprensión auditiva

1. c	2. d	3. a	4. c

Capítulo 2
Ríete con ellos, no de ellos

p. 19 C. El sarcasmo

1. b	2. d	3. e	4. a	5. c

p. 23 D. Al punto

1. a	2. b	3. c	4. a	5. a
6. d	7. c	8. a	9. d	

p. 29 Comprensión auditiva

1. a	2. d	3. b

Capítulo 3
Nosotros, no

p. 36 C. En contexto

1. g	2. h	3. c	4. b
5. a	6. e	7. f	8. d

p. 37 D. Al punto

1. a	2. b	3. b	4. d	5. b	6. a	7. d
8. a	9. c	10. a	11. c	12. c	13. a	14. a

p. 44 Comprensión auditiva

1. b	2. d	3. d	4. a

Capítulo 4

Me llamo Rigoberta Menchú y así me nació la conciencia

||||||||

p. 56 D. ¿Qué usamos para...?

1. d   2. a   3. e   4. f   5. b   6. c

|||||||||||||||||

p. 56 E. Al punto

1. b   2. a   3. a   4. c   5. d   6. d   7. c
8. a   9. c   10. b   11. d   12. b   13. a   14. a
15. c   16. d   17. b

|||||||||||||||||

p. 64 Comprensión auditiva 🎧

1. a   2. c   3. d   4. d

Capítulo 5

Jacinto Contreras recibe su paga extraordinaria

||||||||

p. 66 D. Una selección

1. h   2. e   3. j   4. d   5. f
6. a   7. g   8. c   9. b   10. i

|||||||||||||||||

p. 72 D. Al punto

1. b   2. a   3. b   4. b   5. a
6. c   7. d   8. d   9. b   10. d

|||||||||||||||||

p. 78 Comprensión auditiva 🎧

1. d   2. a   3. b

Capítulo 6

Baby H.P.

||||||||

p. 80 C. La publicidad

1. c   2. d   3. f   4. b   5. e   6. a

|||||||||||||||||

p. 84 D. Al punto

1. d   2. c   3. a   4. b   5. b   6. c   7. b

|||||||||||||||||

p. 90 Comprensión auditiva 🎧

1. c   2. c   3. a

Capítulo 7
El árbol de oro

p. 96 B. Definiciones

1. d	**2.** e	**3.** g	**4.** h	**5.** a
6. i	**7.** j	**8.** c	**9.** f	**10.** b

p. 97 C. En contexto

1. g	**2.** a	**3.** c	**4.** h
5. f	**6.** e	**7.** d	**8.** b

p. 97 F. Al punto

1. b	**2.** a	**3.** a	**4.** d	**5.** b	**6.** a	**7.** c
8. d	**9.** b	**10.** c	**11.** a	**12.** d	**13.** c	**14.** a
15. b	**16.** d	**17.** c				

p. 104 Comprensión auditiva

1. b	**2.** a	**3.** a	**4.** a

Capítulo 8
Los empresarios

p. 115 D. Al punto

1. c	**2.** b	**3.** b	**4.** c	**5.** c	**6.** a	**7.** c
8. d	**9.** a	**10.** a	**11.** a	**12.** b	**13.** c	

p. 122 Comprensión auditiva

Selección 1

1. a	**2.** c	**3.** b

Selección 2

1. c.	**2.** c	**3.** a

Capítulo 9
Al colegio (Estampa)

p. 131 E. Al punto

1. b	**2.** c	**3.** b	**4.** a	**5.** d	**6.** b	**7.** a
8. b	**9.** c	**10.** d	**11.** a	**12.** b	**13.** b	

p. 138 Comprensión auditiva

1. a	**2.** d	**3.** a	**4.** c

Capítulo 10

La amistad en Norteamérica

p. 146 E. Al punto

1. a   2. c   3. b   4. b   5. a   6. d
7. b   8. c   9. a   10. d   11. c

p. 153 Comprensión auditiva 🔊

1. d   2. c

Capítulo 11

Una semana de siete días

p. 163 E. Al punto

1. c   2. c   3. d   4. c   5. a
6. d   7. a   8. b   9. c   10. b
11. a   12. d   13. d   14. d   15. b

p. 166 F.   Vocabulario en contexto

Section 1
1. e   2. f   3. h   4. g
5. b   6. a   7. c   8. d

Section 2
1. d   2. h   3. f   4. g
5. b   6. c   7. a   8. e

p. 173 Comprensión auditiva 🔊

1. c   2. b   3. c

Capítulo 12

La CIM: Paladín de los derechos humanos de la mujer

p. 183 C. En contexto

1. b   2. c   3. b   4. a   5. d
6. b   7. b   8. a   9. c   10. c

p. 184 E. Al punto

1. c   2. a   3. c   4. d   5. d
6. d   7. c   8. b   9. b

p. 190 Comprensión auditiva ◼

1. b   2. c   3. a   4. c

Capítulo 13
Dos caras

| | | | | | | | | |

p. 192 D. La idea general

| 1. g | 2. e | 3. b | 4. f | 5. a | 6. d | 7. c |

| | | | | | | | | | | | | | | | |

p. 199 E. Al punto

1. d	2. a	3. c	4. b	5. a
6. b	7. d	8. c	9. c	10. a
11. b	12. d	13. a	14. c	15. b

| | | | | | | | | | | | | |

p. 206 Comprensión auditiva

Selección 1

| 1. c | 2. a | 3. c |

Selección 2

| 1. c | 2. b | 3. b |

Capítulo 14
Jaque mate en dos jugadas

| | | | | | | |

p. 219 E. Al punto

1. b	2. c	3. a	4. d	5. d	6. b
7. c	8. a	9. b	10. d	11. a	12. a
13. c	14. b	15. d	16. a

| | | | | | | | | | | | | |

p. 227 Comprensión auditiva

| 1. c | 2. b | 3. b | 4. d | 5. b |

Capítulo 15
La venda

| | | | | | | |

p. 231 E. Una selección

| 2a. DJ | 2b. DP | 2c. DJ | 2d. DP |
| 2e. DP | 2f. DJ | 2g. DJ | 2h. DP |

| | | | | | | | | | | | | |

p. 246 D. Al punto

1. c	2. c	3. a	4. b	5. d	6. a	7. b
8. b	9. c	10. d	11. c	12. a	13. d	14. c
15. a	16. a	17. a	18. a

| | | | | | | | | | | | | |

p. 253 Comprensión auditiva

| 1. b | 2. d | 3. d | 4. b | 5. c |

Capítulo 16
La viuda de Montiel

p. 264 D. Definiciones

1. e   2. c   3. g   4. f   5. b   6. a   7. d

p. 264 F. Al punto

1. c   2. c   3. b   4. d   5. a   6. a
7. d   8. b   9. c   10. b   11. c   12. b
13. a   14. c   15. a   16. b

p. 272 Comprensión auditiva

1. b   2. d   3. b   4. a

Capítulo 17
Casa tomada

p. 274 D. La idea general

1. d   2. a   3. e   4. b   5. c

p. 281 D. Al punto

1. c   2. d   3. b   4. a   5. c
6. d   7. b   8. a   9. b   10. d
11. b   12. a   13. b   14. c   15. d

p. 284 Frases ilógicas

1. d   2. a   3. b   4. e   5. f   6. c

p. 290 Comprensión auditiva

1. b   2. c   3. c

Capítulo 18
Espuma y nada más

p. 298 D. Al punto

1. c   2. d   3. a   4. c   5. a
6. a   7. c   8. c   9. a   10. d

p. 305 Comprensión auditiva

1. c   2. d   3. a   4. b

Capítulo 19
Emma Zunz

¦ ¦ ¦ ¦ ¦ ¦ ¦ ¦

p. 314 C. Sinónimos

1. a	2. e	3. g	4. d
5. f	6. h	7. c	8. b

¦ ¦ ¦ ¦ ¦ ¦ ¦ ¦ ¦ ¦ ¦ ¦ ¦ ¦ ¦ ¦ ¦ ¦

p. 315 D. Antónimos

1. d	2. c	3. f	4. a	5. e	6. b

¦ ¦ ¦ ¦ ¦ ¦ ¦ ¦ ¦ ¦ ¦ ¦ ¦ ¦ ¦ ¦ ¦ ¦

p. 315 F. Al punto

1. a	2. c	3. b	4. a	5. d	6. d
7. c	8. a	9. d	10. b	11. a	12. d
13. a	14. b	15. a	16. b	17. d	18. a

¦ ¦ ¦ ¦ ¦ ¦ ¦ ¦ ¦ ¦ ¦ ¦ ¦ ¦ ¦ ¦ ¦ ¦

p. 323 Comprensión auditiva

1. d	2. b	3. a	4. c